맛있는 교토 가정식

1판 1쇄 발행 2018. 4. 25.
1판 3쇄 발행 2018. 6. 26.

지은이 장혜인

발행인 고세규
편집 김옥현
사진 이보영(Studio ROC), 장혜인
표지 디자인 이경희
본문 디자인 정해진(onmypaper)
발행처 김영사
등록 1979년 5월 17일(제406-2003-036호)
주소 경기도 파주시 문발로 197(문발동) 우편번호 10881
전화 마케팅부 031)955-3100, 편집부 031)955-3200 | 팩스 031)955-3111

값은 뒤표지에 있습니다. ISBN 978-89-349-8132-9 13590

홈페이지 www.gimmyoung.com 블로그 blog.naver.com/gybook
페이스북 facebook.com/gybooks 이메일 bestbook@gimmyoung.com

좋은 독자가 좋은 책을 만듭니다.
김영사는 독자 여러분의 의견에 항상 귀 기울이고 있습니다.

이 도서의 국립중앙도서관 출판예정도서목록(CIP)은 서지정보유통지원시스템 홈페이지(http://seoji.nl.go.kr)와 국가자료공동목록시스템(http://www.nl.go.kr/kolisnet)에서 이용하실 수 있습니다.(CIP제어번호 : CIP2018010908)

맛있는 교토 가정식

목차
もくじ

여는 글 . 14

0 첫 번째 시작 전

1 오반자이 . 20

2 식재료 . 26

3 요리법 . 36
    쌀밥 . 39
    가쓰오부시국물 . 41
    두부미역된장국 . 43
    오이절임 . 45

4 도구 . 46

5 스타일링 . 56

두 번째 아침

1 달걀말이 정식 . 64
  달걀말이 . 66
  쌀밥과 버섯조림 . 68
  두부파된장국 . 68
  멸치피망조림 . 70
  무말랭이절임 . 70

2 낫토덮밥 정식 . 72
  낫토덮밥 . 74
  달걀국 . 76
  우엉볶음 . 77
  무단초절임 . 77

3 돼지고기된장국 정식 . 78
  돼지고기된장국 . 80
  검은깨주먹밥 . 82
  시금치무침 . 82

4 마덮밥 정식 . 84
  마덮밥 . 86
  조갯국 . 88
  피망깨무침 . 88
  곤약조림 . 89

5 연어된장구이 정식 . 90
  연어된장구이 . 92
  잡곡밥 . 94
  유부된장국 . 94
  냉두부 . 96
  연근매실무침 . 96

6 햄샐러드 정식 . 98
  햄샐러드 . 100
  쌀밥과 가쓰오부시후리카케 . 102
  당면국 . 102

세 번째 점심

1 데리야키치킨덮밥 정식 . 108
  데리야키치킨덮밥 . 110
  가지된장국 . 112
  오이생강무침 . 112
  버섯두부무침 . 113

2 무카레 정식 . 114
  무카레 . 117
  무청밥 . 118
  미즈나샐러드 . 118

3 다누키우동 정식 . 120
  다누키우동 . 123
  영양밥 . 124
  마와사비절임 . 124

4 채소찜 정식 . 126
  채소찜 . 128
  쌀밥과 멸치산초볶음 . 130
  달걀된장국 . 131
  비지조림 . 131

5 쇠고기연근볶음 도시락 . 132
  쇠고기연근볶음 . 134
  현미밥 . 136
  무말랭이조림 . 136
  줄기콩된장무침 . 137
  매실절임 . 137

6 주먹밥 도시락 . 138
  연어와 다시마주먹밥 . 140
  달걀부추부침 . 142
  당근볶음 . 143
  순무절임 . 143

네 번째 저녁

1 고로케 정식 . 148
    고로케 . 150
    쌀밥 . 152
    셀러리된장국 . 152
    가지조림 . 153
    우엉깨초무침 . 153

2 삼겹살조림 정식 . 154
    삼겹살조림 . 156
    오색미밥 . 158
    채소국 . 158
    양파샐러드 . 159
    된장소스쪽파 . 159

3 돼지고기생강구이 정식 . 160
    돼지고기생강구이 . 162
    현미밥 . 164
    연근국 . 164
    시금치나물 . 165
    방울토마토향미채소무침 . 165

4 유도후 정식 . 166
    유도후 . 168
    굴밥 . 170
    톳조림 . 171
    배추레몬절임 . 171

5 고등어된장조림 정식 . 172
    고등어된장조림 . 174
    문어올리브솥밥 . 176
    버섯국 . 176
    콜리플라워김볶음 . 178
    숙주초무침 . 178

6 함바그 정식 . 180
    함바그 . 182
    쌀밥 . 184
    배추된장국 . 184
    콩채소조림 . 185
    오이멸치무침 . 185

다섯 번째 특별한 날

1 채소튀김 정식 190
- 채소튀김 192
- 팥밥 194
- 떡된장국 194
- 가자미청주찜 196
- 문어초무침 196
- 녹차젤리 197

2 연어버섯솥밥 정식 . 200
- 연어버섯솥밥 . 202
- 매실참나물국 . 204
- 두부볶음 . 204
- 셀러리절임 . 205
- 시나몬오렌지 . 205

3 어묵전골 정식 . 208
- 어묵전골 . 210
- 쑥갓멸치밥 . 212
- 닭안심미나리무침 . 212
- 양배추절임 . 213
- 배 . 213

4 닭완자전골 정식 . 216
- 닭완자전골 . 218
- 아보카도명란마요덮밥 . 220
- 무소스쇠고기구이 . 220
- 참치마무침 . 222
- 오이겨자절임 . 222
- 금귤조림 . 223

5 지라시즈시 정식 . 226
- 지라시즈시 . 228
- 바지락된장국 . 230
- 두부튀김 . 230
- 유채겨자무침 . 231
- 곶감크림치즈말이 . 231

6 닭고기튀김 정식 . 234
- 닭고기튀김 . 236
- 쌀밥 . 238
- 파래된장국 . 238
- 뿌리채소조림 . 239
- 양배추톳샐러드 . 240
- 무껍질절임 . 241
- 후르츠펀치 . 241

여섯 번째 오반자이 쇼핑

1. 우사기노 잇포 . 246
2. 기온 고모리 . 248
3. 탄 . 250
4. 오쿠탄 난젠지점 . 252
5. 마쓰토미야 고토부키 . 254
6. 데마치 로로로 . 256
7. 키친 구지라 . 258
8. 가와바타타키 사부로 상점 . 260
9. 안티크 세이카도 . 262
10. 래더 . 264

여는 글
はじめに

저는 스무 살부터 서른두 살까지 일본의 교토에서 지냈습니다. 자취를 하며 처음 요리를 하기 시작했을 때는 고작 연어를 굽거나 인스턴트 된장국을 끓이는 게 전부였지만 교토의 다양한 음식을 접하며 일본 음식에 관심을 갖게 되었습니다. 대학 시절 식사를 파는 깃사텡喫茶店(찻집)에서 아르바이트를 하게 되면서 자연스레 요리를 배웠고, 집에서도 즐겨 만들게 되었지요. 직장 생활을 할 때는 교토에서 오사카까지 출퇴근을 하면서도 퇴근길에는 매일 서점에 들러 요리책을 구경할 정도로 요리에 심취했습니다. 주말에는 친구들을 초대해 음식을 만들어 먹거나 요리를 잘하는 일본인 친구들의 집에 놀러 가는 것이 큰 즐거움이었지요. 한국에 돌아온 뒤에도 꾸준히 일본 음식을 만들어왔습니다. SNS와 매체를 통해 제가 만드는 일본 요리를 계속 소개하고 있고요.

천년 이상 일본의 수도였던 교토는 그 오래된 역사만큼 식문화가 매우 발달해 있습니다. 일본 전통 요리는 교토를 중심으로 발달했다고 말해도 과언이 아니죠. 궁중 귀족 요리인 유소쿠료리有職料理, 사찰음식인 쇼진료리精進料理, 다도 문화가 낳은 가이세키료리懷石料理 등 다양한 식문화가 존재합니다. 오반자이おばんざい 역시 교토를 대표하는 식문화 중 하나로, 서민이 먹어온 소박한 음식을 말합니다. 섬세한 기술을 필요로 하는 전통 요리들과 달리 화려함은 없지만 가족을 생각하는 마음을 담은 맛있는 음식이지요. 만드는 법이 어렵지 않고 우리 입맛에도 잘 맞아서 집밥으로 준비하기에 좋은 요리입니다.

〈맛있는 교토 가정식〉을 통해 이미 교토에 다녀온 분은 교토의 맛을 다시 떠올리고, 아직 가보지 않은 분은 교토의 맛을 상상할 수 있었으면 좋겠습니다. 그리고 여기에 소개한 음식들이 여러분 가정의 오반자이로 선택될 수 있다면 저에게 그 이상 기쁜 일은 없을 것 같습니다.

장혜인

0
첫 번째

시
작
전.

始める前に 하지메루마에니

오반자이おばんざい는 교토의 가정에서 일상적으로 먹는 집밥을 말합니다.
밥과 국, 반찬이 기본인 따뜻하고 소박한 상차림이지요.
12년간 교토에서 지내며 늘 오반자이를 접했습니다.
이 경험을 바탕으로 교토의 가정에서는 어떤 식재료로 요리하는지,
요리 속에는 어떤 노력과 지혜가 숨어 있는지 음식을 보면 알 수 있습니다.
오반자이는 우리 입맛에도 잘 맞아 가정에서 응용하기 좋은 메뉴가 많습니다.
집밥이지만 나름의 규칙이 있어 재료를 잘 선택하고, 그에 맞는 도구를 고르고,
맛있게 조리해 1인분씩 정갈하게 담습니다.
특유의 식문화가 있기에 식사 예절을 알아두면 식당에 갔을 때도 당황하지 않을 수 있습니다.
오반자이를 준비하기 전에 첫 번째 파트를 익혀두세요.
그러고 나서 요리를 시작하면 교토 가정의 맛에 한 걸음 다가갈 수 있을 것입니다.

책에 소개한 요리의 모든 재료와 분량은 2인분 기준입니다.(별도 표기 요리 제외)

오반자이

おばんざい
오반자이

1

　　　　　　　　　　교토를 여행한 사람이라면 한번쯤 '오반자이'라는 말을 들어보았을 것입니다. 오반자이는 일본어의 '오카즈おかず', '소자이惣菜'와 같은 뜻으로 '반찬'을 말합니다. 교토 사람들이 오래전부터 먹어온 소박한 반찬을 담은 가정 요리이지요. 그런데 재미있는 것은 실제로 교토 사람들은 오반자이라는 말보다는 전국 공통어인 '오카즈'라는 말을 사용한다는 것입니다. "오늘 저녁 오카즈는 뭐야?"라고 말하는 것이 더 자연스럽지요.

본래 가정 요리였던 오반자이는 교토에 많은 관광객이 오면서 음식점에서 먹을 수 있는 교토의 명물 음식이 되었습니다. 이제는 단순히 반찬을 칭하는 단어를 넘어 교토의 음식 문화를 상징하는 단어로 자리매김하고 있습니다.

오반자이의 특징

1 손쉽게 구할 수 있는 재료

오래전 교토에서는 신선한 어패류를 구하는 것이 어려웠다고 합니다. 그래서 어패류는 염장을 하거나 말려서 먹고, 무말랭이나 건조 톳과 같이 말린 식품, 두부와 콩비지, 제철 채소, 산나물 등 손쉽게 구할 수 있고 비교적 저렴한 재료들을 사용한 요리가 발달했습니다. 교토 부근에서 재배한 교토 전통 채소를 '교야사이京野菜'라고 부르는데, 이를 사용한 메뉴를 자주 볼 수 있습니다.

2 국물

오반자이의 맛을 낼 때 가장 중요한 것은 국물입니다. 대부분의 음식에 가쓰오부시국물을 넣는다 해도 과언이 아닙니다. 가쓰오부시국물을 사용하면 양념을 많이 넣지 않아도 재료 본연의 맛과 색을 지키며 감칠맛 있게 만들 수 있습니다. 교토뿐만 아니라 교토를 포함한 관서 지방 음식의 가장 큰 특징이기도 합니다.

3 버리는 부분도 알뜰하게 사용

채소의 이파리나 껍질, 육수를 내고 남은 찌꺼기도 버리지 않고 알뜰하게 사용합니다. 오반자이는 옛날 사람들의 검소한 생활이 키워낸 요리라고 말할 수 있지요. 재료를 남김없이 모두 쓰는 것을 교토에서는 절약하다, 정리하다는 뜻을 가진 '시마쓰스루始末する'라고 말하는데, 이 말은 오반자이를 설명하는 데 있어 빠질 수 없는 단어입니다.

시작 전.

상차림의 기본

일본의 가정식은 우리나라와 같이 밥과 국, 반찬으로 이루어져 있어요. 매일 먹는 음식인 만큼 질리지 않고 몸에도 좋아야 합니다. 기본으로 쌀밥, 현미밥, 잡곡밥에 된장국, 맑은국을 더합니다. 여기에 육류나 생선, 달걀, 두부 등 단백질을 섭취할 수 있는 재료로 메인 반찬을 만들고, 채소나 해조류를 사용한 반찬을 곁들입니다. 특히 반찬끼리 조리법이나 재료가 겹치지 않게 합니다. 예를 들어, 메인 반찬이 조림일 경우 나머지 반찬은 무침이나 볶음을 하는 식입니다. 반찬에 두부가 들어갈 때 나머지 반찬은 콩이나 유부처럼 같은 식품군보다는 다른 영양소를 가진 식재료를 사용해 균형을 맞추는 것이 좋습니다.

상을 차릴 때 그릇의 위치는 밥그릇은 왼쪽, 국그릇은 오른쪽, 메인 반찬은 오른쪽 위에 놓습니다. 이것이 일본 상차림의 기본이지만 집에서는 이처럼 까다롭게 따르지 않아도 됩니다.

식사 예절

일본 영화나 드라마를 보면 식사하기 전에 손을 모으고 '이타다키마스いただきます(잘 먹겠습니다)'라고 말하는 장면이 종종 나옵니다. 그만큼 일본인들은 식사하기 전과 후, '이타다키마스', '고치소사마ごちそうさま(잘 먹었습니다)'라고 소리 내서 말하는 것이 몸에 배어 있어요. 음식을 만들어준 사람에게, 또 자연에 감사하며 먹는 것이죠. 음식을 만든 사람도, 먹는 사람도 기분 좋아지는 좋은 습관입니다. 일본 전통 요리에는 까다로운 식사 예절이 많지만 가정에서는 꼭 그렇지 않습니다. 하지만 기본적인 것은 지키는 것이 좋아요. 젓가락은 바르게 잡고, 밥그릇과 국그릇은 들고 먹어야 합니다. 메인 반찬을 담은 큰 그릇은 들지 말아야 하지만 반찬을 담은 작은 그릇은 들고 먹어도 됩니다.

여러 사람과 함께 먹을 때는 큰 접시에 담은 음식은 직접 먹지 않고 '도리자라取り皿'라고 부르는 앞접시에 먹을 만큼만 담아 먹습니다. 앞접시에 음식을 덜 때는 자기 젓가락을 쓰지 않고 음식을 덜 때 쓰는 '도리바시取り箸'라는 젓가락을 사용하거나 새 젓가락을 사용하는 것이 매너입니다. 누군가에게 초대받았을 때는 가능하면 음식을 남기지 않고 먹어야 합니다. 만약 못 먹는 음식이 나왔을 때는 먼저 양해를 구하고 손을 대지 않는 것이 좋습니다. 입을 댄 뒤 남기면 맛이 없었다고 생각할 수 있기 때문이지요.

식재료
食材
쇼쿠자이

2

　　　　　　일본 주부들이 냉장고나 찬장에 보관해두고 사용하는 필수 식재료를 소개합니다. 매일 먹는 된장과 간장은 가장 기본이 되는 재료로, 맛이 다른 종류를 두세 가지 마련해놓고 음식에 따라 적절하게 사용합니다. 우리나라에서 고춧가루나 마늘을 사용하듯 일본에서는 식초, 생강, 산초가루로 맛을 강조하기도 하고 미림과 설탕을 구비해놓고 음식에 따라 단맛을 구분해 사용하기도 합니다. 또 육수를 시음하고 판매하는 육수 전문점이 있을 정도로 국물을 중요하게 여기는 교토에서는 대부분의 요리에 가쓰오부시국물과 다시마국물을 사용합니다. 때문에 가쓰오부시와 다시마는 질 좋은 것을 갖춰놓습니다.

시작 전.

교토 가정식

백미소된장
혼합미소된장
적미소된장

시작 전.

된장
味噌
미소

일본에는 셀 수 없을 정도로 다양한 된장이 있는데 원료, 제조법, 색, 맛에 따라 여러 종류로 나눕니다. 교토에서는 쌀누룩으로 만든 쌀된장 종류인 백미소된장白味噌(시로미소), 적미소된장赤味噌(아카미소), 혼합미소된장合わせ味噌(아와세미소)을 주로 사용하는데 교토를 대표하는 것은 사이쿄미소西京味噌라고 부르는 백미소된장입니다. 쌀누룩의 함량이 높아 단맛이 강하고 짠맛은 덜하며 부드러운 질감이 특징입니다. 백미소된장은 된장국으로 먹기보다는 소스나 양념, 또는 설날 먹는 일본식 떡국인 조니雜煮의 국물에 사용합니다. 또 술지게미와 섞어 가스지루粕汁국을 끓이기도 합니다.

일반적인 된장국은 적미소된장과 혼합미소된장으로 끓입니다. 적미소된장은 붉은색을 띠며 단맛은 적고 짠맛이 강한데 우리나라 된장과 가장 비슷합니다. 음식점에서 나오는 된장국은 적미소된장을 사용하는 곳이 많습니다. 혼합미소된장은 백미소된장과 적미소된장을 섞거나 제조법이 다른 된장을 섞은 것으로, 우리가 일반적으로 생각하는 일본 된장이 바로 이 혼합미소된장입니다. 일본 가정에서 끓이는 된장국은 대부분 혼합미소된장으로 끓이지요. 미소된장은 조미료나 보존료가 들어가지 않은 것을 사는 것이 좋습니다. 미소된장 포장지에 생선이나 다시마 그림이 있는 것은 조미료가 들어갔다는 뜻이니 피하도록 합니다.

교토에 갈 때면 야마리 상점山利商店에서 미소된장을 사옵니다. 교토의 고급 요리점들도 이곳의 된장을 사용한다고 해요. 가쓰오부시국물과 이곳의 미소된장만 있으면 집에서도 교토의 고급 요리점의 맛을 즐길 수 있습니다. 백미소된장이 유명하지만 다른 된장도 맛있어요. 가격도 비싸지 않습니다.

백미소된장(야마리 상점)

우스쿠치 쇼유와 고이쿠치 쇼유 | 미림
청주 | 식초

시작 전.

간장
醬油
쇼유

오반자이에서는 양조간장인 고이쿠치 쇼유濃口醬油와 국간장인 우스쿠치 쇼유薄口醬油를 주로 사용합니다. 보통 간장이라고 하면 양조간장인 고이쿠치 쇼유를 말해요. 색이 진하고 향도 강한 편입니다. 반면 우스쿠치 쇼유는 그보다 색이 연하고 향이 약하지만 염분은 조금 더 높습니다. 우스쿠치 쇼유는 우동국물이나 맑은국 같은 국물 요리에 쓰거나 재료 본연의 색과 풍미를 중요하게 여기는 교토를 포함한 관서 지방 음식에 자주 씁니다. 오반자이에 꼭 필요한 간장이지요. 우리나라에서도 일본 식자재를 파는 곳에서 구할 수 있습니다.

미림
みりん
미린

미림은 음식에 부드러운 단맛을 내거나 윤기를 낼 때 사용하는 조미용 술입니다. 생선의 비린내나 고기의 누린내를 없애주고 재료가 너무 익어 모양이 흐트러지는 것도 막아줍니다. 또한 미림 속 알코올 성분이 식재료에 감칠맛을 더해줍니다.

청주
酒
사케

청주는 생선 비린내와 같은 식재료의 잡내를 없애주고, 음식에 감칠맛과 향을 더해줍니다. 또 연육 작용이 있어 음식을 부드럽게 만들어주지요. 청주는 흔히 사케라고 부르는 일본의 술을 말하는데 요리에는 쌀로 빚은 준마이슈純米酒가 가장 적합합니다. 저렴한 것을 사용해도 괜찮습니다.

식초
酢
스

식초는 신맛을 내는 기본 조미료입니다. 일본 음식에는 쌀식초를 많이 사용해요. 쌀식초에는 쌀의 감칠맛 성분이 녹아 있어 초무침이나 초밥 같은 일본 음식에 잘 어울리죠. 교토에는 지도리스千鳥酢라는 식초가 있습니다. 신맛이 강하지 않고 부드러워 식재료 본연의 맛을 해치지 않아요. 많은 유명 요릿집과 초밥집에서도 지도리스를 애용한다고 해요. 교토의 슈퍼마켓에 가면 쉽게 구할 수 있습니다.

설탕 | 소금
시치미 | 산초가루

시작 전.

설탕
砂糖
사토

설탕은 단맛을 낼 뿐 아니라 식재료를 부드럽게 만들거나 윤기를 내는 효과가 있습니다. 일본 요리에서는 맛과 색에 영향을 주지 않는 백설탕을 사용하는 것이 기본이지만, 요리에 깊은 맛을 내고 싶을 때는 흑설탕을 사용하는 등 취향과 용도에 따라 다른 설탕을 사용하기도 합니다. 건강을 생각해 백설탕보다는 비정제 원당을 사용하기도 하고 첨채당(사탕무 설탕), 메이플 시럽 등도 사용합니다.

소금
塩
시오

소금은 짠맛을 낼 뿐 아니라 음식을 절여 물기를 빼거나 저장성을 높이기도 하고, 잡내를 없애기도 합니다. 일본에서는 아라지오粗塩라는 정제하지 않은 소금을 두루두루 사용하며 암염이나 구운 소금도 사용합니다. 우리나라에서는 천일염을 사용하면 됩니다.

시치미
七味唐辛子
시치미토가라시

시치미는 고춧가루를 주원료로 하는 일본의 조미료입니다. 시치미는 '일곱 가지 맛'이라는 뜻인데, 이름에서 알 수 있듯 7종류의 향신료를 조합했습니다. 고춧가루, 산초가루, 검은깨가 공통으로 포함되고 제품에 따라 김가루, 생강가루 등 들어가는 향신료의 종류가 약간씩 다릅니다. 국물 요리나 덮밥에 뿌려 먹으면 매콤한 맛이 나면서 여러 가지 향이 납니다. 교토에서는 하라료카쿠原了郭라는 가게에서 만든 구로시치미黒七味가 유명한데 일반 시치미에 비해 검은빛을 띠는 것이 특징입니다.

산초가루
粉山椒
고나산쇼

산초가루는 잘 익은 산초 열매를 건조해 분말로 만든 향신료로, 장어구이 소스나 데리야키 소스와 같은 간장을 베이스로 한 달콤한 양념과 잘 어울립니다. 그 외에도 조림이나 생선 요리, 국물 요리에 뿌려 먹어도 맛있어요. 톡 쏘는 맛이 식욕을 자극하죠. 평범한 요리에도 산초가루를 뿌리면 고급스러운 풍미가 납니다.

가쓰오부시 | 생강
다시마 | 채 썬 다시마

가쓰오부시
かつおぶし
가쓰오부시

가쓰오부시는 손질한 가다랑어를 삶아 훈연한 후 곰팡이를 피워 만든 것으로 원래는 딱딱한 덩어리 형태입니다. 우리나라에서 볼 수 있는 가쓰오부시는 마치 대패와 같은 도구로 깎아낸 포 형태이지요. 딱딱한 덩어리를 먹을 때마다 그때그때 깎아서 사용하는 것이 가장 향이 좋지만 국내에서는 덩어리를 쉽게 구하기 어려우므로 포 형태를 구입해 되도록 빨리 소비하는 것이 좋아요. 가쓰오부시는 보통 국물을 낼 때 사용하지만 음식 위에 뿌려 먹기도 합니다.

생강
生姜
쇼가

우리나라 음식에 마늘이 있다면 일본 음식에는 생강이 있습니다. 생강은 마늘과 비슷한 역할을 합니다. 향이 강해 음식의 맛을 돋우고 재료의 잡내를 없애줍니다. 식초에 절여 초밥이나 회, 덮밥과 먹기도 하고, 생으로 갈거나 채를 썰어 음식에 곁들여 먹기도 합니다. 양념으로 사용하거나 음식에 곁들이는 것 외에도 생강영양밥, 햇생강튀김, 생강조림 등 생강을 주재료로 사용하는 음식들도 많습니다. 일본에서는 요리를 좋아하는 사람이라면 햇생강이 나오는 시기는 놓치지 않고 초절임이나 영양밥, 시럽 등을 만들지요. 햇생강은 수분이 많고 매운맛이 덜해 양념으로 사용하기보다는 생강 자체를 즐기는 요리에 사용하기 좋습니다.

다시마
昆布
곤부

일본에서는 주로 건조 다시마를 사용합니다. 건조 다시마를 불려 조림, 쓰케모노, 영양밥, 초밥 등의 요리를 하고, 소금다시마, 실다시마, 다시마차와 같은 가공식품을 만들기도 합니다. 다시마는 국물을 낼 때도 빠질 수 없는 재료이지요. 국물을 낼 때는 물의 양에 따라 잘라서 사용하고 조림이나 쓰케모노에는 채 썬 다시마를 사용하기도 합니다. 검푸른 색에 두께가 두껍고 잘 말라 있는 것이 좋은 다시마입니다.

다시마국물을 만들 때 잊지 말아야 할 것이 있습니다. 다시마를 찬물에서부터 넣고 물이 끓기 직전에 건져내야 한다는 것입니다. 다시마는 끓으면 진액이 나오면서 쓰고 비린맛이 나기 때문이죠. 끓이는 게 번거롭다면 하룻밤 담가두었다가 사용해도 됩니다.

요리법
作り方
쓰쿠리카타

3

　　　　　　식단의 기본은 밥과 국, 반찬입니다. 늘 밥상에 오르는 쌀밥, 된장국, 쓰케모노를 맛있게 만들면 상차림의 반 이상은 준비한 거라고 볼 수 있지요. 기본 요리만 익혀두면 다양한 재료를 넣거나 대체해 다채롭게 응용할 수 있습니다.
일본 음식에서는 국물이 정말 중요합니다. 오반자이 맛의 기본이 되는 가쓰오부시국물만 잘 만들어두면 국물 요리뿐만 아니라 조림, 무침, 볶음 요리 등에도 다양하게 활용할 수 있습니다.

시작 전.　　　　37

밥
ごはん
고항

일본에서 재배되는 쌀은 300종이 넘을 정도로 맛있는 쌀에 대한 일본인들의 고집은 가히 대단합니다. 가장 인기 있는 품종은 고시히카리コシヒカリ와 히토메보레ひとめぼれ입니다.

일본 쌀은 밥을 지으면 윤기가 나고 단맛이 강하며 끈기가 있습니다. 요즘은 사람들이 건강을 생각해 백미를 멀리하지만 그래도 가장 기본은 백미로 지은 쌀밥입니다. 일본에서도 현미밥, 잡곡밥, 영양밥, 찰밥을 자주 먹고 최근에는 '네카세겐마이寝かせ玄米'라는 것이 유행하기도 했습니다. 현미와 팥으로 밥을 지어서 3일 이상 보온한 뒤 먹는 것인데, 이렇게 하면 효소의 움직임이 활성화된다고 하네요.

시작 전.

쌀밥

白ごはん
시로고항

재료(4인분)
물·쌀 2컵씩

1. 쌀에 물을 부어 첫물은 재빨리 헹구어 버린다. 다시 물을 붓고 두세 차례 깨끗이 씻는다.

   TIP. 물의 양은 씻기 전 쌀의 경우 쌀의 1.2배, 씻어 불린 쌀의 경우 쌀과 동일한 양을 준비한다.

2. 체에 밭쳐 물기를 뺀다.

3. 물을 부어 30분 이상 불린다.

   TIP. 겨울에는 1시간 이상 불린다.

4. 쌀과 물을 솥에 담고 뚜껑을 닫은 뒤 센 불로 끓이다가 김이 나면 약불로 줄여 10분쯤 끓인 후 불을 끈다.

5. 10분 정도 뜸 들인 뒤 뚜껑을 열고 주걱으로 밥을 섞는다.

국물
出汁
다시

오반자이의 맛내기에 있어 가장 중요한 것은 국물입니다. 교토에서는 주로 다시마와 가쓰오부시로 낸 국물을 사용합니다. 교토를 포함한 관서 지방의 식문화를 일컬어 육수 문화라고 할 정도로 거의 모든 음식에 이 국물을 사용하지요. 국물 요리뿐만 아니라 조림, 무침, 볶음 요리에도 사용합니다. 가쓰오부시로 국물을 내는 것이 어렵고 번거롭게 느껴질 수 있겠지만 멸치국물보다 시간도 적게 걸리고 방법도 간단합니다. 제대로 낸 국물만 있다면 오반자이의 맛내기는 성공한 것이나 다름없어요. 남은 국물은 찌개나 조림 등에 활용하면 됩니다.

시작 전.

가쓰오부시국물
かつおだし
가쓰오다시

재료
가쓰오부시 15g
다시마 10g
물 5컵

1. 냄비에 물과 다시마를 넣고 끓인다.
2. 물이 끓기 직전 다시마를 건져낸다.
   TIP. 다시마를 넣고 계속 끓이면 비린맛이 날 수 있다. 국물을 낸 다시마와 가쓰오부시는 버리지 말고 냉동실에 모아두었다가 반찬으로 만들면 좋다.
3. 물이 끓으면 가쓰오부시를 넣고 약불로 줄여 1분 정도 끓인 뒤 불을 끈다.

4. 가쓰오부시가 가라앉으면 체에 거즈나 무명천을 깔고 국물을 부어 거른다.
5. 식으면 병이나 용기에 옮겨 냉장 보관한다. 3일 정도 냉장 보관 가능하다.

교토 가정식

된장국
味噌汁
미소시루

일본의 기본 국은 된장국입니다. 교토에서는 가쓰오부시국물에 적미소된장이나 혼합미소된장을 넣고 끓입니다. 여기에 두부, 미역, 유부, 대파, 무 등 기본적인 재료를 넣어도 좋고 기호에 따라 원하는 재료를 넣어도 됩니다. 재료는 너무 오래 끓이지 말고 된장은 향을 살리기 위해 마지막에 풀어 국이 끓기 직전에 불을 끕니다. 된장을 풀고 국이 다시 끓기 직전, 즉 국의 표면이 부글거리려고 하는 순간을 가리키는 '니에바나煮えばな'라는 말이 있는데요, '된장국은 니에바나味噌汁は煮えばな'라는 말이 있을 정도입니다.

시작 전. 43

두부미역된장국
豆腐とわかめの味噌汁
도후토 와카메노 미소시루

재료(4인분)
두부 200g
미역 불린 것 60g
가쓰오부시국물 3컵
미소된장 2⅔큰술

1. 냄비에 가쓰오부시국물을 붓고 끓인다.
2. 두부는 한 입 크기로 네모나게 썰고 미역은 물기를 짠다.
3. 국물이 끓으면 두부와 미역을 넣는다.

4. 두부가 따뜻하게 데워질 정도로 끓으면 미소된장을 푼다.
5. 국이 끓기 직전에 불을 끈다.

채소절임
漬物
쓰케모노

쓰케모노는 소금이나 쌀겨, 식초, 된장 등에 절인 저장 음식을 말합니다. 주로 채소를 절인 음식을 이르는데 우리나라의 김치나 장아찌와 비슷해요. 교토에서는 가지나 오이를 차조기 잎과 소금에 절인 시바즈케しば漬, 순무를 얇게 썰어 다시마를 넣고 절인 센마이즈케千枚漬, 순무를 소금에 절여 유산발효 시킨 스구키즈케すぐき漬가 유명합니다. 예전에는 쓰케모노를 집에서 직접 만들어 먹었지만, 요즘은 구입해서 먹는 경우가 많아요. 하지만 채소를 소금에 단시간 절인 아사즈케浅漬け(즉석 절임)와 같은 것은 가정에서도 쉽게 만들 수 있습니다. 아사즈케는 적은 양의 소금으로 금방 절여 만들기 때문에 오래 저장해두고 먹을 수는 없지만 샐러드처럼 채소를 섭취할 수 있습니다. 오이 외에도 배추, 무, 당근 등 다양한 채소로 만들 수 있어요.

시작 전.

오이절임

きゅうりの浅漬け
규리노 아사즈케

재료
오이 2개(200g)
소금 4g
생강 채 썬 것 적당량

1. 오이는 깨끗이 씻어 먹기 좋은 크기로 썬다.
2. 오이와 생강을 볼에 담고 소금을 넣고 섞는다.
    TIP. 소금은 오이 무게의 2% 정도 넣는 것이 적당하다.

3. 2를 지퍼백에 넣어 공기를 빼고 냉장고에 넣는다.
    TIP. 자른 오이와 소금, 생강을 지퍼백에 바로 넣고 섞어도 된다.
4. 오이가 고루 절여지도록 가끔 지퍼백을 주무르며 2~3시간 정도 절인다.
    TIP. 만든 지 2~3시간 정도 지나면 먹을 수 있고 2~3일 내에 먹는 것이 맛있다.

도구

道具
도구

4

　　　　　　일본은 요리와 조리법에 따라 도구의 종류가 상당히 다양화, 세분화되어 있어요. 무, 생강, 와사비 등 채소를 갈아서 쓰는 경우가 많아 강판을 종류별로 사용하며 조리용 젓가락의 종류도 용도에 따라 다양합니다. 소재도 관리가 편하도록 나무나 스테인리스 스틸이 많으며, 소재의 특성에 맞게 잘 관리하면 오랫동안 쓸 수 있습니다. 일본 주부들은 최신 도구보다는 조금 불편해도 예전부터 전해 내려오는 전통 도구를 선호하며 이를 소중히 사용하는 사람들이 많습니다.

시작 전.

교토 가정식

시작 전.

달걀말이 팬

달걀말이 팬이 있으면 달걀말이를 더 쉽고 예쁘게 만들 수 있습니다. 특히 동으로 만든 제품을 추천합니다. 열전도성과 보온성이 뛰어난 동 소재는 균일하게 열을 전달해 달걀이 고르게 익고 쉽게 타지 않아요. 팬에 기름칠을 하고 달군 후 달걀물을 넣는 순서만 지키면 달라붙지도 않고 술술 잘 말립니다. 달걀말이 외에도 적은 양의 음식을 볶을 때도 편리합니다. 관리만 잘하면 평생 사용할 수 있는 도구예요.

대나무 찜기

대나무 소재의 찜기는 음식을 촉촉하게 하면서 뚜껑이나 음식에 물방울이 맺히는 일이 없어 편리합니다. 냉동 밥도 전자레인지에 해동하는 것보다 대나무 찜기에 찌면 훨씬 맛이 좋아요. 음식을 찔 때 나무 향이 은은하게 나서 기분도 좋고 찜기째 식탁에 내도 그 자체로 멋스럽지요. 아기 이유식용 채소를 찔 때는 작은 사이즈의 대나무 찜기를 사용하면 편리합니다.

밥솥

고슬고슬하고 윤기 있는 밥을 지을 수 있습니다. 밥알이 하나하나 살아 있고 밥맛도 더 단 데다 솥밥 특유의 구수한 향도 좋습니다. 밥 전용 솥은 속뚜껑과 겉뚜껑이 있어 수분과 온도를 적당히 조절해주어 어렵지 않게 밥을 지을 수 있습니다. 불을 끄기 전 30초에서 1분 정도만 센 불로 끓여주면 솥밥의 묘미인 누룽지도 쉽게 만들 수 있습니다.

조림 뚜껑

오토시부타おとしぶた라고 부르는 조림 뚜껑은 조림 요리를 할 때 유용합니다. 조림 뚜껑을 음식에 직접 닿도록 덮어두면 국물이나 양념이 끓으면서 뚜껑에 닿아 음식의 윗부분까지 양념이 골고루 배고 수분 증발도 막아 적은 양념으로도 효율적으로 요리할 수 있습니다. 또한 식재료를 가볍게 눌러줘 모양이 흐트러지는 것을 방지해주는 역할도 합니다. 조림 뚜껑은 냄비보다 2~3cm 작은 것이 좋습니다. 나무 소재는 냄새가 배거나 얼룩이 생기지 않도록 사용 전 물에 적셔서 써야 합니다.

조리용 젓가락

일본에는 조리할 때 사용하는 젓가락이 몇 가지 있습니다. 우선 볶음, 조림, 튀김, 데침 등의 요리를 할 때 쓰는 사이바시菜箸라는 긴 젓가락이 있습니다. 조리 시 뜨거운 열이 손에 닿지 않도록 길게 되어 있지요.

음식을 그릇에 담을 때 쓰는 모리쓰케바시盛り付け箸는 젓가락 끝부분이 가늘고 뾰족해서 음식을 정교하고 예쁘게 담기 좋아 도시락을 쌀 때 자주 사용합니다. 모리쓰케바시는 젓가락 윗부분이 비스듬히 깎여 있는데, 이 깎인 면을 이용해 음식을 옆으로 밀기도 하고, 주걱처럼 겨자를 떠 그릇에 담기도 합니다. 큰 그릇의 음식을 덜어 먹을 때는 도리바시取り箸를 사용합니다. 덜어서 담는 용도로만 쓰기 때문에 젓가락 끝부분이 가늘지 않고 각이 져 있는 것들도 있습니다.

교토의 이치하라 헤이베이 상점市原平兵衞商店의 젓가락을 추천합니다. 품질이 좋고 종류도 다양해 기호에 맞는 젓가락을 고를 수 있습니다.

INFO. 이치하라 헤이베이 상점
京都市下京区堺町通四条下ル

두부용 국자

교토는 '유도후湯豆腐'라고 부르는 다시마국물로 따뜻하게 데운 두부에 양념과 간장을 뿌려 먹는 요리가 유명합니다. 유도후를 먹을 때 꼭 필요한 것이 두부용 국자이지요. 또 전골 요리에도 두부가 빠지지 않는데 국물 속에 들어 있는 부드러운 두부는 젓가락으로 건지면 으깨지기 쉬워요. 그럴 때 이 국자를 사용하면 쉽게 건질 수 있습니다. 따뜻한 전골 요리나 유도후를 자주 먹는 겨울에 많이 사용하는 도구입니다.

교토의 쓰지와카나아미辻和金網에서 판매하는 국자를 추천해요. 장인이 꼼꼼하게 손으로 짠 국자는 사용하기도 편하고 모양도 아름답습니다.

INFO. 쓰지와카나아미
京都市中京区堺町通夷川下る亀屋町175
www.tujiwa-kanaami.com

시작 전.

대나무 채반과 소쿠리

대나무 채반과 소쿠리는 매일 사용하다시피 합니다. 채소를 씻어 물기를 뺄 때나 국물을 거를 때 또는 빵, 주먹밥, 쌈채소를 담는 그릇으로도 사용하지요. 잘 짠 대나무 채반과 소쿠리는 물 빠짐이 좋아서 관리가 편합니다.

강판

구운 생선이나 달걀말이 등의 요리에 무 간 것을 많이 곁들여 먹는 일본에는 오니오로시鬼おろし(도깨비강판)라는 무 전용 강판이 있습니다. 도깨비 이빨처럼 생긴 날로 무를 갈면 일반 강판보다 입자가 굵고 거칠게 갈려 아삭아삭한 식감을 남기고 싶을 때 사용하면 좋아요. 또 수분도 빠져나가지 않아 갈아서 바로 음식에 곁들여도 음식이 질척해지지 않습니다. 가는 데 약간 더 힘이 들지만 앞뒤로 밀며 갈지 말고 몸 쪽으로 당기듯 갈면 쉽게 갈 수 있습니다. 야쿠미오로시薬味おろし라는 강판은 손바닥 안에 쏙 들어오는 작은 사이즈라 생강이나 와사비 같은 재료를 먹을 때 조금씩 갈아 쓰기 편해요. 모양은 밑면이 넓은 게 특징으로 일본에서 아주 오래전부터 내려온 디자인입니다.

된장 거름망

매일 된장국을 먹는 일본에서는 필수품입니다. 국자나 숟가락에 된장을 떠서 풀다 보면 된장 덩어리가 국에 빠지기 일쑤죠. 또 된장을 푸는 데도 시간이 걸립니다. 된장 거름망이 있으면 훨씬 쉽게 된장을 풀 수 있어요. 된장 거름망에 된장을 넣고 국에 담가 젓가락이나 숟가락으로 거름망 안을 저어주기만 하면 되거든요. 된장을 푸는 국자가 딸린 세트 제품도 있습니다.

나무 주걱

일본에서는 나무 소재의 주걱을 가장 많이 사용합니다. 작은 나무 주걱은 데마키즈시手巻き寿司나 지라시즈시ちらし寿司 등을 먹을 때 사용하는데 상 위에 두세 개 또는 인원수대로 준비해 각자 밥을 떠먹을 수 있도록 합니다. 나무 주걱을 청결하게 쓰기 위해서는 사용 전 물에 적셔 사용하고, 사용 후에는 물에 담가놓지 말고 신속하게 씻어 말려야 합니다.

시작 전.

밥그릇과 국그릇

일본에서 밥그릇과 국그릇은 꼭 갖춰야 할 기본 그릇입니다. 반찬을 담는 그릇은 양식기를 사용해도 밥그릇과 국그릇은 전통적인 일본 식기를 사용하는 가정이 많아요. 일본 그릇은 우리나라 그릇과 달리 굽이 달려 있는데 이것은 그릇을 안정적으로 놓기 위해서라고 합니다. 국그릇은 뜨거운 국을 담아도 손으로 들고 먹을 수 있도록 목재로 되어 있거나 옻칠한 것들이 많습니다. 밥그릇은 도기로 되어 있는 것을 사용하는데, 일본인들은 대부분 집에서도 개인용 밥그릇을 사용하는 사람이 많아요. 젓가락도 마찬가지입니다.

작은 접시

일본은 반찬을 1인분씩 담아 먹는 경우가 많아서 작은 접시의 쓰임이 많습니다. 특히 쓰케모노 같은 작은 반찬들을 담기 좋지요. 작은 접시는 앞접시로도 사용하고 간장이나 양념을 담는 종지로도 사용합니다. 일본의 오래되고 작은 골동품 그릇도 멋스러운데 이런 그릇들은 일본 음식을 차릴 때 특유의 분위기를 연출해주면서 과하지 않아 일상생활 속에서 부담 없이 사용할 수 있습니다.

나무 쟁반

한 끼 식사를 담을 수 있는 1인용 나무 쟁반이 있으면 편리합니다. 아침 식사나 가벼운 식사를 할 때 특히 편하죠. 여러 명이 식사를 할 때도 밥과 국, 반찬을 1인분씩 나무 쟁반에 담아 내면 먹기도 좋고 보기에도 좋습니다. 정식집에서도 1인분씩 나무 쟁반에 음식을 담아 내는 것을 자주 볼 수 있습니다.

젓가락 받침

젓가락을 상에 올릴 때는 음식을 집는 부분이 직접 상에 닿지 않도록 젓가락 받침을 사용합니다. 나무나 유리, 도기 등으로 만들고 모양도 다양한데 젓가락이 구르지 않도록 가운데 부분을 판 것이 일반적입니다. 특별한 날에는 축하의 의미가 있는 흰색이나 빨간색 젓가락 받침을 사용하거나 화려한 모양의 젓가락 받침을 사용해 상차림의 분위기를 살리기도 합니다.

스타일링
スタイリング
스타이링구

5

　　　　　　일본 요리에서는 음식의 맛만큼 담음새도 중요합니다. 음식을 먹는 사람이 먹기 편하고 보기 좋도록 담아야 하지만, 식사 예절로 연결되는 부분도 있으니 기본적인 것을 알아둘 필요가 있습니다. 음식이 맛있어 보이도록 다채로운 색과 그릇으로 조화롭게 차리는 것이 중요합니다. 그릇과 고명, 음식의 컬러를 고려해 담다 보면 어렵지 않게 완성할 수 있을 것입니다.

시작 전.

먹음직스럽게 담기

깊이가 있는 그릇에 음식을 담을 때는 음식이 퍼지지 않고 산 모양이 되도록 그릇 가운데를 중심으로 높이 있게 담습니다. 크고 넓은 접시에 여러 명의 음식을 담을 때는 평면적으로 담되 왼쪽 위에서 오른쪽 아래를 향해 흐르듯 음식을 담는 것이 보기에 안정적입니다. 머리 달린 생선은 머리가 왼쪽으로 향하게 놓고, 곁들이는 무 간 것, 초생강, 레몬 같은 음식은 그릇 오른쪽 아래에 놓습니다.

마무리 향미 장식

일본에는 덴모리天盛り라는 장식법이 있습니다. 고등어조림 위에 생강채를 얹거나 데친 나물 위에 가쓰오부시를 뿌리는 것처럼, 향이 있는 재료를 음식 위에 고명처럼 올리는 것을 말합니다. 이는 음식에 색과 향을 더하기도 하고, 제철 재료를 사용하여 계절감을 표현하는 의미도 있습니다. 또한 손님을 대접할 때 아무도 손대지 않은 새 음식이라는 것을 표시하는 의미도 있습니다.

쟁반을 활용

일본에서는 한 그릇에 음식을 담아 여러 명이 먹는 것보다 1인분 위주로 상을 차리는 경우가 많습니다. 쟁반 안에 한 사람이 먹을 밥, 국, 반찬, 디저트를 모두 담아 내면 음식을 한눈에 볼 수 있어 균형 있게 먹을 수 있습니다.
일본에는 쟁반 사용이 일반적이라 종류가 다양한데 전통 요리에는 옻칠이 된 정사각형이나 반달 모양의 쟁반을 사용하고, 식당이나 집에서는 나무나 플라스틱으로 된 쟁반을 즐겨 사용합니다.

다양한 그릇을 사용

음식을 담을 때는 어떤 그릇을 사용하는지가 무척 중요합니다. 밥과 국은 굽이 달린 전용 그릇을 사용하고, 개인용 양념이나 쓰케모노는 손바닥 안에 들어올 정도로 작은 접시를 사용하지요. 구운 생선이나 달걀말이는 직사각형으로 된 긴 접시에 담는 등 요리와 상황에 맞게 다양한 그릇을 사용합니다.
일본 요리에서는 식재료뿐만 아니라 그릇에서도 계절감을 중요시 여기는데, 여름에는 유리나 두께가 얇은 그릇을 사용하고 겨울에는 두툼하고 따뜻한 색감의 도기를 사용하여 그릇에서 계절감을 느낄 수 있게 합니다.

시작 전.

그릇과 젓가락의 위치

밥그릇은 왼쪽, 국그릇은 오른쪽에 놓는 것이 기본입니다. 일본은 좌상위左上位라 하여 중요한 것을 왼쪽에 두는 관습이 있는데, 주식인 밥이 가장 중요하기 때문에 밥을 왼쪽에 배치하게 되었다고 합니다. 우리나라와 다른 것이 있다면 젓가락의 위치입니다. 일본은 젓가락을 밥그릇과 국그릇 앞에 가로로 놓습니다. 쥐는 부분을 오른쪽으로 오게 하고 왼쪽에는 젓가락 받침을 두어 입에 대는 부분이 직접 상에 닿지 않도록 합니다. 메인 반찬은 국그릇 위 오른쪽에 놓고 쓰케모노는 밥과 국 사이에 놓는 것이 기본이지만 요즘에는 메인 반찬을 가운데 놓기도 합니다.

○
두
번
째

아침.

朝ごはん 아사고항

교토의 아침 식사는 소박한 재료들로 간단하게 차립니다.
따뜻한 밥과 국, 예전부터 먹어오던 수수한 반찬들 두세 가지로 구성하지요.
소박하고 가정적인 오반자이의 특징이 살아 있는 끼니이기도 합니다.
그래서인지 교토에는 오반자이로 차린 아침 식사를 파는 식당이 많습니다.
교토를 여행하는 사람들은 오반자이 조식을 먹기 위해 아침 일찍부터 서두르곤 하죠.
아침에 부담 없이 먹을 수 있고 손쉽게 만들 수 있는 메뉴들로 아침 정식을 짜보았습니다.
바쁜 아침에는 냉장고에 미리 우려둔 국물이 있다면 준비가 더욱 빨라질 거예요.

① 달걀말이
정식

だし巻き卵定食
다시마키 다마고 데이쇼쿠

아침. 65

달걀말이 だし巻き卵 다시마키 다마고
쌀밥과 버섯조림 白ごはん&なめたけ 시로고항&나메타케
두부파된장국 豆腐とねぎの味噌汁 도후토 네기노 미소시루
멸치피망조림 じゃことピーマンの炊いたん 자코토 피망노 다이탄
무말랭이절임 はりはり漬け 하리하리즈케

교토에서 아침 식사로 자주 먹는 달걀말이를 메인으로 한 정식 세트입니다. 부드럽지만 다소 심심할 수 있는 달걀말이에 꼬들꼬들하고 새콤달콤한 무말랭이절임을 더해 식감과 맛의 균형을 맞추었습니다. 짭조름한 버섯조림과 멸치피망조림은 쌀밥과 찰떡궁합을 이루는 반찬이지요. 두부파된장국은 언제 먹어도 좋은 기본 된장국이고요.

교토 가정식

달걀말이
だし巻き卵
다시마키 다마고

설탕을 넣지 않고 가쓰오부시국물을 듬뿍 넣어 만드는 것이 교토식 달걀말이입니다. 교토에서 처음 달걀말이를 먹었을 때 입 안 가득 퍼지는 국물의 향과 달걀의 촉촉함에 감동한 기억이 있어요. 달걀말이는 반찬 외에도 명절 음식으로도 먹는 메뉴인데, '교토의 부엌'이라 부르는 니시키 시장錦市場의 유명한 달걀말이 가게 앞에는 12월 31일 달걀말이를 구입하려는 사람들로 긴 줄이 생기곤 합니다.

국물을 넣지 않은 달걀말이보다 말기 어렵지만 몇 번만 해보면 금세 요령을 터득할 수 있습니다. 처음에는 국물의 양을 줄여 만들어본 후 익숙해지면 조금씩 국물의 양을 늘려보세요.

INFO. 니시키 시장
京都市中京区錦小路通
www.kyoto-nishiki.or.jp

아침.

재료
달걀 4개
가쓰오부시국물 ½컵(p. 41 참고)
국간장 2작은술
무 간 것·양조간장·식용유 적당량씩

1. 달걀은 풀어 가쓰오부시국물, 국간장을 넣고 잘 섞는다.
2. 팬에 기름을 바르고 달걀물을 떨어뜨려 치익 소리가 날 정도로 데워지면 달걀물을 한 국자 붓는다. 이때 기포가 생기면 젓가락으로 터뜨린다.

3. 달걀이 반숙 정도로 익으면 젓가락이나 뒤집개를 사용해 말고, 만 달걀은 한쪽으로 밀어둔다.
4. 다시 팬에 기름을 바르고 달걀물을 한 국자 부은 뒤 말아놓은 달걀 밑부분을 젓가락으로 들어 달걀물이 밑까지 잘 들어가도록 한 다음 이어서 만다.
   TIP. 기름에 적신 키친타월로 팬에 기름을 바르면 고르고 얇게 바를 수 있다.
5. 위의 과정을 반복하여 도톰하게 만다.

6. 김발로 감아 한 김 식으면 썬 다음 접시에 달걀말이를 담고 무를 곁들인다.
   TIP. 무 위에 양조간장을 뿌려 달걀말이와 함께 먹는다.

교토 가정식

아침.

쌀밥과 버섯조림
白ごはん&なめたけ
시로고항&나메타케

일본 식단의 기본이 되는 쌀밥에 짭짤한 버섯조림을 얹으면 맛이 잘 어울립니다. 일본에는 '고항노 오토모고항노오토모'라는 말이 있어요. 밥에 잘 어울리는 반찬, 예를 들면 젓갈이나 매실절임, 김과 같이 다른 반찬이 없어도 밥 한 그릇 뚝딱 할 수 있는 반찬들을 말하죠. 버섯조림은 일본인이 좋아하는 고항노 오토모 랭킹에 항상 올라가는 반찬입니다. 일본에서는 슈퍼마켓에 가면 병조림으로 쉽게 구할 수 있는데 팽이버섯과 양념 조금만 있으면 되니 집에서도 쉽게 만들 수 있어요. 낫토와 섞거나 나물과 함께 무쳐도 맛있습니다.

재료
쌀밥 쌀 불린 것·물 1컵씩
버섯조림 팽이버섯 150g, 양조간장·미림·청주 1큰술씩

만드는 법
1. 쌀과 물을 솥에 담고 뚜껑을 닫은 뒤 센 불로 끓이다가 김이 나면 약불로 줄여 10분쯤 끓인 후 불을 끈다.
2. 10분 정도 뜸 들인 뒤 뚜껑을 열고 주걱으로 밥을 섞는다.
3. 팽이버섯은 2㎝ 길이로 썬다.
4. 냄비에 양조간장, 미림, 청주를 넣고 끓인다.
5. 양념이 끓으면 팽이버섯을 넣고 물기가 없어질 때까지 뒤적여가며 조린다.

두부파된장국
豆腐とねぎの味噌汁
도후토 네기노 미소시루

아침에 두부를 넣은 된장국을 먹으면 단백질 보충이 되고 든든한 느낌도 들죠. 두부는 따뜻하게 데워질 정도로만 끓여야 부드럽고 맛있습니다.

재료
두부 100g, 대파 ⅓대, 가쓰오부시국물 1½컵
미소된장 1⅓큰술

만드는 법
1. 두부는 한 입 크기로 썰고 대파는 송송 썬다.
2. 냄비에 가쓰오부시국물을 붓고 끓이다가 국물이 끓으면 두부와 대파를 넣는다.
3. 두부가 따뜻하게 데워질 정도로 끓으면 미소된장을 풀고 국이 끓기 직전에 불을 끈다.

교토 가정식

아침.

멸치피망조림
じゃことピーマンの炊いたん
자코토 피망노 다이탄

오반자이 인기 메뉴 중에 교야채인 만간지고추와 멸치를 조린 만간지고추멸치조림이라는 요리가 있습니다. 만간지고추는 기다란 생김새에 매운맛은 없고 단맛이 있는 채소로 모양도 맛도 피망과 비슷해요. 만간지고추가 없으면 피망으로 교토의 맛을 재현할 수 있습니다.

재료
피망 200g, 잔멸치 20g, 가쓰오부시국물 1컵, 미림 2작은술 국간장 1작은술, 식용유 적당량

만드는 법
1. 피망은 씻은 뒤 씨를 빼고 2㎝ 두께로 썬다.
2. 냄비에 기름을 두르고 피망과 잔멸치를 볶는다.
3. 1에 가쓰오부시국물을 넣고 미림, 국간장으로 간한 뒤 피망이 부드럽게 익을 때까지 10분 정도 조린다.

무말랭이절임
はりはり漬け
하리하리즈케

무말랭이는 조리고, 볶고, 된장국에 넣는 등 오반자이에서 자주 쓰는 재료입니다. 식감을 살려 새콤달콤하게 절이면 식사 중 입맛을 깔끔하게 해줘요.

재료
무말랭이 20g, 다시마 2g, 홍고추 말린 것 ¼개
가쓰오부시국물(또는 물)·식초·국간장 1큰술씩, 설탕·미림 2작은술씩

만드는 법
1. 무말랭이는 30분 정도 물에 불린 뒤 물기를 꼭 짠다.
2. 다시마는 물에 잠시 담가 부드러워지면 가위로 가늘게 자른다.
3. 홍고추는 가위로 잘게 자른다.
4. 밀폐용기에 가쓰오부시국물, 식초, 국간장, 설탕, 미림을 넣어 섞는다.
5. 4에 무말랭이, 다시마, 홍고추를 넣어 버무린 뒤 냉장고에서 3~4시간 절인다.
   TIP. 냉장고에 보관하면 3~4일 정도 먹을 수 있다.

② 낫토덮밥
정식

納豆ごはん定食
낫토고항 데이쇼쿠

아침.

낫토덮밥 納豆ごはん 낫토고항
달걀국 かき玉汁 가키타마 지루
우엉볶음 きんぴらごぼう 긴피라 고보
무단초절임 甘酢大根 아마즈 다이콩

낫토는 일본인의 아침 밥상에 빠질 수 없는 음식이지요.
간편하고 몸에 좋은 데다 든든하기까지 하니
아침에 이렇게 고마운 식재료가 또 있을까요!
낫토가 발효식품이므로 국은 가볍게 달걀국을 준비하고
씹는 맛이 좋은 우엉볶음과 시원한 무절임으로
채소를 맛있게 섭취 할 수 있도록 구성해보았습니다.

낫토덮밥
納豆ごはん
낫토고항

낫토에 파와 가쓰오부시를 더하면 더욱 맛있게 먹을 수 있습니다. 낫토는 되도록 많이 저어주세요. 저으면 저을수록 끈적하고 폭신한 거품이 생겨 맛도 좋아지고 낫토균도 활성화되어 효율적으로 섭취할 수 있어요. 예전에 일본에 있을 때 텔레비전에서 아침밥을 준비하는 주부가 낫토에 거품을 많이 내기 위해 젓가락을 10개쯤 쥐고 젓는 모습을 보고 웃은 적이 있습니다. 일본에는 쉽게 낫토를 섞을 수 있는 낫토 전용 젓가락도 판매한답니다.

아침.

재료
쌀밥 2공기
낫토 2팩(100g)
쪽파 다진 것 1대 분량
양조간장(또는 쓰유) 1작은술
가쓰오부시 한 줌
연겨자 약간

1. 낫토를 그릇에 담고 쪽파, 양조간장, 연겨자를 넣는다.

2. 끈적끈적한 거품이 많이 생길 때까지 잘 섞는다.
3. 따뜻한 밥 위에 가쓰오부시를 얹는다.

4. 그 위에 잘 섞은 낫토를 올린다.

달걀국

かき玉汁
가키타마 지루

맑은 국물에 달걀을 푼 것으로, 우리나라의 달걀국과 비슷하지요. 전분을 조금 풀어 국물에 살짝 걸쭉함을 더하면 달걀이 가라앉지 않고 식감도 좋습니다. 마지막에 산초가루를 뿌리면 풍미가 좋아져요.

재료
달걀 1개, 가쓰오부시국물 1½컵, 물 2작은술, 전분·국간장 1작은술씩, 산초가루 약간

만드는 법
1. 냄비에 가쓰오부시국물을 붓고 끓이다가 국물이 끓으면 국간장으로 간한다.
2. 전분에 물을 붓고 잘 개어 1에 넣고 섞으면서 걸쭉해질 때까지 끓인다.
3. 국이 약하게 끓고 있는 상태에서 잘 풀어놓은 달걀을 냄비 안에 큰 원을 그리듯 돌아가며 조금씩 넣는다.
4. 그릇에 담고 먹기 직전 산초가루를 뿌린다.

아침.

우엉볶음
きんぴらごぼう
긴피라 고보

우엉은 일본 요리에서 빠질 수 없는 식재료예요. 대개 연필을 깎듯 깎아썰기를 해서 사용할 때가 많지만, 볶음 요리를 할 때는 채썰기를 해야 식감이 좋답니다.

재료
우엉 100g, 당근 20g, 양조간장 1큰술, 설탕·청주 2작은술씩
식용유 적당량, 참깨 약간

만드는 법
1. 우엉과 당근은 5cm 정도의 길이로 가늘게 채 썬다.
2. 팬을 달군 뒤 기름을 두르고 우엉과 당근을 볶는다.
3. 어느 정도 볶아지면 양조간장, 설탕, 청주를 넣고 물기가 없어질 때까지 볶는다.
4. 마지막으로 참깨를 뿌린다.

무단초절임
甘酢大根
아마즈 다이콩

무를 도톰하게 잘라 새콤달콤하게 절였습니다. 하룻밤 절인 뒤 먹을 수 있고 냉장고에 보관하면 3~4일간 먹을 수 있습니다. 도시락 반찬으로도 좋은 메뉴입니다.

재료
무 100g, 설탕 2작은술, 식초 1작은술, 소금 ½작은술

만드는 법
1. 무는 0.5cm 두께의 부채꼴 모양으로 썬다.
2. 지퍼백에 무, 설탕, 식초, 소금을 넣고 잘 섞이도록 주무른다.
3. 지퍼백을 닫아 공기를 빼고 냉장고에 넣어 하룻밤 절인다.

③ 돼지고기된장국
정식

豚汁定食
돈지루 데이쇼쿠

아침.

돼지고기된장국 豚汁 돈지루
검은깨주먹밥 黒ごまおにぎり 구로고마 오니기리
시금치무침 ほうれん草のおかか和え 호렌소노 오카카 아에

돼지고기된장국을 생각하면
일본 드라마 〈심야식당〉이 떠오릅니다.
여기에 등장한 메뉴로 서민적이고
따뜻한 느낌이 드라마와 잘 어울리더군요.
재료를 듬뿍 넣은 돼지고기된장국에는
별다른 반찬이 필요 없어요.
갓 지은 밥으로 만든 주먹밥과
약간의 채소 반찬 정도면 충분합니다.
돼지고기된장국은 냄비 한가득 만들어놓고
다음 날 먹어도 맛있어요.

교토 가정식

돼지고기된장국

豚汁
돈지루

메인으로 손색없는 든든한 국물 요리입니다. 일반 된장국은 마지막에 된장을 풀고 더 이상 끓이지 않지만, 돼지고기된장국은 돼지고기, 채소와 함께 된장을 넣고 재료에 된장 맛이 배도록 푹 끓이는 것이 특징입니다. 된장은 재료를 익힐 때와 마지막, 두 번에 나누어서 넣습니다. 돈지루의 재료로는 우엉, 무, 당근 등의 뿌리채소가 일반적이지만 여름에는 토마토나 가지, 가을에는 버섯 등 제철 채소를 넣어도 맛있어요.

아침.

재료(4인분)
돼지고기·무·곤약 100g씩
우엉 80g
대파 ½대
가쓰오부시국물(또는 물) 3컵
미소된장 3큰술
식용유 적당량

1. 돼지고기, 무, 우엉은 먹기 좋은 크기로 썬다. 대파는 어슷하게 썰고 곤약은 맛이 잘 배도록 손으로 뜯어 끓는 물에 데친다.

2. 냄비에 기름을 두르고 돼지고기를 볶다가 어느 정도 익으면 무, 우엉, 곤약을 넣고 1분 정도 볶는다.
3. 가쓰오부시국물을 붓고 미소된장의 반을 체에 풀어 넣은 뒤 채소가 익을 때까지 끓인다. 끓으면서 나오는 거품은 정성껏 걷어낸다.

4. 채소가 익으면 남은 미소된장을 체에 풀어 넣고 대파를 넣어 한소끔 끓인다.

교토 가정식

아침.

검은깨주먹밥
黒ごまおにぎり
구로고마 오니기리

쌀밥에 소금, 검은깨로만 맛을 낸 심플한 주먹밥입니다. 가능하면 갓 지은 밥으로 만들어보세요. 검은깨 대신 참깨를 사용해도 좋습니다.

재료
쌀밥 2공기, 매실절임 2개, 검은깨 2큰술, 소금 2작은술

만드는 법
1. 손에 물을 살짝 적시고 세 손가락으로 꼬집을 만큼의 양의 소금을 양 손바닥에 문질러 묻힌다.
   TIP. 갓 지은 밥일 경우 손이 뜨겁지 않도록 손을 찬물에 담가 차갑게 해둔다.
2. 반 공기 분량의 밥을 손에 덜고 가볍게 쥐어 삼각형 모양으로 만든다.
3. 검은깨를 뿌리고 한번 더 가볍게 뭉친다.
4. 그릇에 담고 매실절임을 곁들인다.

시금치무침
ほうれん草のおかか和え
호렌소노 오카카 아에

우리나라 시금치나물과 비슷한 메뉴입니다. 데친 시금치를 간장과 가쓰오부시로 가볍게 무친 것으로, 가쓰오부시를 넣으면 감칠맛이 풍부해집니다.

재료
시금치 200g, 양조간장 2작은술, 가쓰오부시 적당량

만드는 법
1. 시금치는 끓는 물에 살짝 데쳐 물기를 짠다.
2. 먹기 좋게 4㎝ 길이로 썬다.
3. 데친 시금치에 양조간장과 가쓰오부시를 넣고 무친다.

④ 마덮밥
정식

麦とろごはん定食
무기토로고향 데이쇼쿠

아침.

마덮밥 麦とろごはん 무기토로고항
조갯국 あさりのお吸い物 아사리노 오스이모노
피망깨무침 ピーマンのごま和え 피망노 고마 아에
곤약조림 こんにゃくの甘辛煮 곤나쿠노 아마카라니

마는 일본에서 '산의 장어'라고 부를 만큼
영양 많고 힘이 나는 식재료로 알려져 있습니다.
특히 더운 여름에 장어와 더불어
일본인들이 많이 먹는 음식 중 하나이지요.
마는 위에 부담도 없어서 속이 불편하거나
피곤해서 식욕이 없을 때도 편하게 먹을 수 있습니다.
시원한 맑은 조갯국을 곁들이면 더 좋겠지요.
고소한 피망깨무침과 쫄깃한 곤약조림도 더해
심심하지 않게 구성해보았습니다.
피곤하고 체력이 떨어졌을 때 마덮밥 정식을 준비해보세요.

교토 가정식

마덮밥
麦とろごはん
무기토로고항

일본에서는 마를 자주 먹습니다. 구워서 간장을 뿌려 먹거나 절여 먹고, 갈아서 오코노미야키(일본식 부침개)에 넣기도 하죠. 마덮밥은 마 간 것을 가쓰오부시국물과 국간장으로 간을 해서 보리밥 위에 얹어 먹는 메뉴입니다. 마를 갈 때는 공기를 넣어가며 폭신폭신하게 가는 것이 포인트이지요. 마 간 것은 면 요리나 국물 요리에 부어 먹어도 맛있고 날달걀을 섞어 먹어도 맛있어요.

아침.

재료
마 150g
물 1컵
쌀·보리 ½컵씩
가쓰오부시국물 ¼컵(p. 41 참고)
국간장 1큰술
미림 1작은술
파래가루 약간

1. 쌀과 보리는 함께 잘 씻은 뒤 1시간 정도 불렸다가 물을 붓고 밥을 짓는다.
2. 마는 손으로 잡을 부분을 남기고 껍질을 벗긴다.

3. 절구나 강판에 마를 간다. 강판에 갈 경우 절구에 한번 더 갈아주면 식감이 부드러워진다. 절구에 갈 때는 공기를 넣어가며 천천히 크게 돌려가며 간다.
4. 가쓰오부시국물에 국간장, 미림을 넣어 섞은 뒤 마 간 것에 조금씩 부어가며 섞는다.
5. 보리밥 위에 4를 얹고 파래가루를 뿌린다.

조갯국
あさりのお吸い物
아사리노 오스이모노

피망깨무침
ピーマンのごま和え
피망노 고마아에

다시마와 모시조개로 끓인 맑은국은 별다른 부재료 없이도 충분히 맛있습니다. 다시마와 조개 자체에서 나오는 감칠맛이 강하니 따로 국물을 낼 필요가 없어요.

재료
모시조개 200g, 다시마 5g, 물 2컵, 청주 1큰술
국간장 ½작은술

만드는 법
1. 모시조개는 3% 정도 염도의 물에 담근 뒤 어두운 곳에 2~3시간 두어 해감한다.
2. 냄비에 물, 다시마, 모시조개를 담고 불을 켠다.
   TIP. 찬물에서부터 끓여야 조개에서 감칠맛이 우러나온다.
3. 물이 끓으면 다시마를 건지고 거품이 생기면 걷어낸다.
4. 조개의 입이 벌어지면 청주, 국간장으로 간한 뒤 조개가 질겨지기 전에 불을 끈다.

데친 피망에 깨를 듬뿍 갈아 넣고 무친 깨무침은 일본 밥상에 자주 오르는 인기 반찬입니다. 피망 말고도 시금치, 숙주, 쑥갓 등 다양하게 재료를 응용할 수 있어요. 깨무침을 맛있게 만드는 포인트는 데친 채소의 물기를 잘 제거하는 것과, 수분이 생기지 않도록 먹기 직전에 바로 무치는 것! 깨도 바로 간 것을 사용하면 향이 좋아요.

재료
피망 2개, 참깨 1½큰술, 양조간장·설탕 1작은술씩

만드는 법
1. 피망은 먹기 좋은 크기로 썰어 끓는 물에 살짝 데친 뒤 물기를 뺀다.
2. 참깨는 너무 곱지 않게 간다.
3. 2에 양조간장, 설탕을 넣어 섞고 데친 피망을 넣어 버무린다.

아침.

곤약조림
こんにゃくの甘辛煮
곤냐쿠노 아마카라니

쫄깃쫄깃한 곤약을 짭짤하고 달콤하게 조렸어요. 우리나라에서는 흰곤약을 주로 먹지만, 교토를 포함한 서일본 지역에서는 검은색을 띠는 흑곤약을 주로 먹어요. 원래 흰곤약은 곤약감자가루로 만들고, 흑곤약은 생곤약감자로 만드는데 요즘 흑곤약은 곤약감자가루로 만들고 색을 내기 위해 해초가루를 넣는다고 해요. 도쿄와 같은 동일본 지역에서는 우리나라처럼 흰곤약을 많이 먹습니다. 곤약은 손으로 뜯거나 숟가락으로 잘라 표면을 거칠게 해주면 맛이 잘 배요. 곤약 특유의 냄새는 끓는 물에 데치면 어느 정도 사라집니다. 참고로 흑곤약은 우리나라에서도 온라인으로 구매할 수 있어요.

재료
곤약 200g, 양조간장 2큰술, 미림·설탕 2작은술씩
가쓰오부시 약간

만드는 법
1. 곤약은 손으로 뜯어 먹기 좋은 크기로 자른 뒤 끓는 물에 데쳐 물기를 뺀다.
2. 냄비에 데친 곤약, 양조간장, 미림, 설탕을 넣고 조린다.
3. 물기가 거의 없어지면 가쓰오부시를 넣어 잘 섞어준 뒤 불을 끈다.

⑤

연어된장구이
정식

鮭の西京焼き定食
사케노 사이쿄야키 데이쇼쿠

아침.

연어된장구이 鮭の西京焼き 사케노 사이쿄야키
잡곡밥 雑穀ごはん 잣코쿠고항
유부된장국 油揚げの味噌汁 아부라아게노 미소시루
냉두부 冷奴 히야얏코
연근매실무침 レンコンの梅マヨ和え 렌콘노 우메마요 아에

교토에는 사이쿄미소西京味噌라는 백미소된장이 있습니다.
백미소된장은 쌀누룩을 많이 넣어 단맛이 나는 된장인데,
이것으로 절인 생선이나 고기 역시 사이쿄야키西京焼き
또는 사이쿄즈케西京漬け라고 하며
교토를 대표하는 음식 중 하나입니다.
연어된장구이 정식은 교토 명물 음식 사이쿄야키를 메인으로
한 정식입니다.
아침 식사에 잘 어울리는 연어를 백미소된장으로 절여 굽고
샐러드처럼 먹을 수 있는 냉두부와 고소한 연근매실무침을
곁들였습니다.

연어된장구이
鮭の西京焼き
사케노 사이쿄야키

백미소된장으로 절인 연어를 구운 요리입니다. 백미소된장이 없다면 집에 있는 미소된장으로 만들어도 되며 연어 대신 다양한 재료를 절일 수 있어요. 미소된장, 설탕, 청주의 비율은 4:1:1이며 집에 있는 된장의 맛에 따라 양념을 가감하면 됩니다.

아침.

재료
연어 2조각(200g)
백미소된장 100g
설탕·청주 1½큰술씩
무 간 것 적당량
양조간장·소금 약간씩

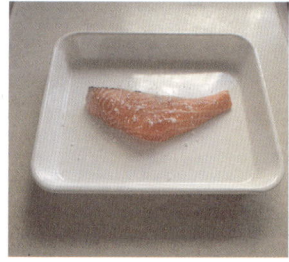
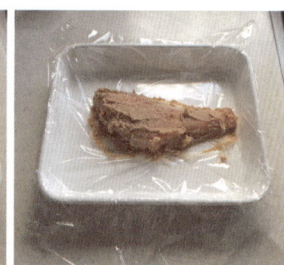
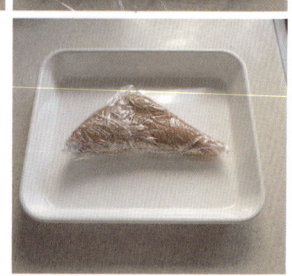

1. 연어에 소금을 적당히 뿌려 10~30분간 재운 뒤 물기를 키친타월로 닦는다.
2. 백미소된장, 설탕, 청주를 섞은 뒤 연어에 고루 바른다.
3. 연어를 랩으로 싸서 냉장고에 넣는다. 1~7일간 절인다. 2~3일 절인 것이 가장 맛있다.

4. 절인 연어는 양념을 물에 가볍게 씻거나 손으로 걷어낸다. 물로 씻을 경우 양념이 다 씻기지 않도록 가볍게 씻고 물기를 제거한다.
5. 4의 연어를 200℃의 오븐에 15분간 굽거나 그릴에 구운 뒤 양조간장을 뿌린 무를 곁들인다.

교토 가정식

아침.

잡곡밥
雜穀ごはん
잣코쿠고항

흰쌀에 혼합잡곡을 섞은 잡곡밥입니다. 일본도 우리나라와 같이 잡곡밥을 많이 먹습니다. 일본에서는 8종류 또는 16종류의 잡곡을 한 번 먹을 분량씩 소포장해서 묶어놓은 상품들이 많은데, 밥 지을 때 한 봉지씩 사용할 수 있어 간편합니다.

재료
물 1컵, 쌀 ⅔컵, 혼합잡곡 ⅓컵

만드는 법
1. 쌀과 혼합잡곡을 섞어 씻은 뒤 체에 밭쳐 물기를 뺀다.
2. 물에 1시간 정도 불린 뒤 솥에 넣고 뚜껑을 닫는다.
3. 센 불에서 10분, 약불에서 10분 끓이고 10분간 뜸을 들인다.

유부된장국
油揚げの味噌汁
아부라아게노 미소시루

유부는 오반자이에 많이 사용하는 재료로 볶음, 조림, 무침 등 어떤 조리법에도 잘 어울립니다. 교토에는 일반 유부와 조금 다른 교토 유부京あげ(교아게)가 있습니다. 교토 사람들이 오아게상お揚げさん(유부 씨)이라고 친근하게 부르는 이 유부는 길이가 30㎝ 정도로 길고, 두부를 두껍게 잘라 튀겼기 때문에 두툼해서 두부 본연의 맛을 잘 느낄 수 있습니다. 오아게상이 없더라도 일반 유부로 충분히 맛있는 오반자이를 만들 수 있습니다. 조미가 되지 않은 유부를 구입해 사용 전 키친타월로 눌러주거나 끓는 물에 데쳐 기름을 제거합니다. 기름 뺀 유부는 채 썰어서 냉동해두면 여기저기 요긴하게 쓸 수 있습니다. 된장국 재료로도 물론 좋아요.

재료
유부 20g, 가쓰오부시국물 1½컵, 미소된장 1⅓큰술

만드는 법
1. 유부는 끓는 물에 데쳐 기름을 빼고 1㎝ 두께로 썬다.
2. 냄비에 가쓰오부시국물을 붓고 끓이다가 국물이 끓으면 유부를 넣는다.
3. 유부가 데워지면 미소된장을 풀고 국이 끓기 직전에 불을 끈다.

아침.

냉두부
冷奴
히야얏코

익히지 않은 차가운 두부에 간장, 파, 생강 등을 얹어 먹는 요리를 히야얏코冷奴(냉두부)라고 합니다. 냉두부 위에 향이 좋고 청량감이 드는 채소를 잘게 다져 얹어 먹으면 샐러드를 대신할 수 있고 맛도 좋아요. 생두부나 연두부 대신 단단한 두부를 사용해도 됩니다.

재료
오크라 1개, 쪽파 1대, 두부 ½모, 오이 ½개, 가지 ¼개, 양조간장 약간

만드는 법
1. 두부는 도톰하게 정사각형으로 썬다.
2. 오크라, 쪽파, 오이, 가지를 잘게 다져 섞는다.
3. 두부 위에 2를 얹고 양조간장을 뿌린다.

연근매실무침
レンコンの梅マヨ和え
렌콘노 우메마요 아에

일본에는 매실마요소스梅マヨソース(우메마요소스)라는 소스가 있어요. 마요네즈에 매실절임(우메보시)을 다져 넣어 느끼함을 없앤 새콤하고 고소한 소스인데, 채소를 찍어 먹거나 생선에 발라서 굽는 등 다양하게 활용이 가능해요. 살짝 데친 연근과 버무려도 맛있습니다.

재료
연근 150g, 매실절임 1개, 마요네즈 1½큰술, 양조간장·설탕 ¼작은술씩

만드는 법
1. 연근은 0.5cm 정도의 두께로 썰어 끓는 물에 살짝 데친다.
2. 매실은 씨를 빼고 적당히 다진다.
3. 매실, 마요네즈, 양조간장, 설탕을 섞은 뒤 1에 부어 버무린다.

⑥ 햄샐러드
정식

ハムサラダ定食
하무사라다 데이쇼쿠

아침.

햄샐러드 ハムサラダ 하무사라다
쌀밥과 가쓰오부시후리카케
白ごはん&かつお節のふりかけ 시로고항&가쓰오부시노 후리카케
당면국 春雨のお吸い物 하루사메노 오스이모노

깃사텡喫茶店이나 정식집에서 종종 보는 이 메뉴는
얼핏 보면 빵과 어울릴 것 같지만
의외로 밥과도 잘 어울립니다.
든든한 샐러드인 만큼 국은 가쓰오부시국물에
당면을 넣어 간단하게 당면국을 끓이고,
반찬은 밥 위에 뿌린 가쓰오부시후리카케로 대신했습니다.
휴일 아침 메뉴로도 좋아요.

햄샐러드

ハムサラダ
하무사라다

짭짤한 햄과 아삭아삭한 양배추, 감자샐러드에 마요네즈와 양파드레싱을 곁들이면 고소하면서도 느끼하지 않게 즐길 수 있어요. 햄은 슬라이스 햄을 그대로 사용하거나 반쯤 썰어 큼지막하게 내놓는 것이 오래된 깃사텡이나 정식집 스타일입니다. 어딘가 좀 촌스러운 느낌이 드는, 그래서 더 맛있는 추억의 샐러드입니다.

아침.

재료
슬라이스 햄 4장
달걀 삶은 것 1개
양배추 ¼통
오이 ¼개
마요네즈 적당량

감자샐러드
감자 2개
오이·당근·양파 ¼개씩
마요네즈 2큰술
식초 1작은술
소금 ¼작은술
소금(절임용)·후춧가루 약간씩

양파드레싱
양파 ¼개
올리브유 2큰술
양조간장·식초 1큰술씩
설탕 1작은술

1. 감자는 삶아서 으깬다. 오이, 당근, 양파는 얇게 썰어 소금에 10분 정도 절인 뒤 물에 헹궈 물기를 짠다.
2. 1에 마요네즈, 식초, 소금, 후춧가루를 넣고 섞어 감자샐러드를 만든다.
3. 양파는 강판에 간 뒤 분량의 드레싱 재료를 넣고 섞어 양파드레싱을 만든다.
4. 양배추는 채 썰어 얼음물에 5분쯤 담가두었다가 물기를 뺀다.
   TIP. 양배추를 얼음물에 담가두면 식감이 더욱 아삭해진다.

5. 달걀은 반 자르고 오이는 모양대로 썬다.
6. 접시에 양배추, 햄, 감자샐러드, 달걀, 오이를 담고 마요네즈를 뿌린 뒤 양파드레싱을 곁들인다.
   TIP. 양파드레싱은 먹기 전에 양배추에 뿌린다.

교토 가정식

쌀밥과 가쓰오부시후리카케

白ごはん&かつお節のふりかけ
시로고항&가쓰오부시노 후리카케

후리카케는 잘게 다지거나 가루 형태로 되어서 뿌려 먹는 반찬을 말합니다. 밥이나 샐러드에 뿌려 먹기도 하고, 밥에 섞어 주먹밥을 만들기도 합니다. 국물을 내고 남은 가쓰오부시는 버리지 말고 후리카케로 만들면 좋아요. 남은 재료를 버리지 않고 또 다른 요리로 재탄생시키는 것이 오반자이의 특징입니다.

재료
쌀 불린 것·물 1컵씩
가쓰오부시(국물을 낸 건더기의 물기를 꼭 짠 것) 40g, 양조간장 1½큰술, 미림 1큰술, 설탕·참깨 ½큰술씩

만드는 법
1. 쌀과 물을 솥에 담고 뚜껑을 닫은 뒤 센 불로 끓이다가 김이 나면 약불로 줄여 10분쯤 끓인 후 불을 끈다.
2. 가쓰오부시는 잘게 다진다.
3. 팬에 기름을 두르지 않고 가쓰오부시와 양조간장, 미림, 설탕을 넣어 수분이 없어질 때까지 볶는다.
4. 마지막에 참깨를 넣고 섞는다.

당면국

春雨のお吸い物
하루사메노 오스이모노

당면은 맑은국에 자주 사용하는 재료예요. 매끈매끈 넘기는 식감이 좋아 입맛이 없을 때도 먹기 좋습니다.

재료
당면 15g, 표고버섯 1개, 대파 ¼대, 가쓰오부시국물 1½컵
국간장 1큰술, 후춧가루 약간

만드는 법
1. 당면은 먹기 좋은 길이로 잘라 미지근한 물에 30분간 불린다.
2. 표고버섯은 얇게 썰고 대파는 어슷하게 썬다.
3. 냄비에 가쓰오부시국물을 붓고 끓이다가 국물이 끓으면 국간장으로 간한다.
4. 불린 당면을 넣고 당면이 익으면 표고버섯, 대파를 넣어 한소끔 끓인 뒤 마지막으로 후춧가루를 뿌린다.

세
번
째

점심.

昼ごはん 히루고항

일본에서 직장 생활을 할 때 큰 즐거움 중 하나는 점심 식사 메뉴 선정이었습니다. 도시락을 먹기도 하고, 동료들과 식당을 가기도 하고, 채소 중심의 저칼로리 도시락을 주문해 먹기도 했어요. 그때 먹었던 점심 메뉴들을 떠올리며 점심 정식을 구성해보았습니다. 친구가 놀러 왔을 때 또는 나들이 메뉴로도 좋습니다.

① **데리야키치킨덮밥 정식**

照り焼きチキン丼定食
데리야키치킨동 데이쇼쿠

데리야키치킨덮밥
照り焼きチキン丼 데리야키치킨동

가지된장국
なすの味噌汁 나스노 미소시루

오이생강무침
しょうが風味のたたききゅうり 쇼가 후미노 다타키 규리

버섯두부무침
きのこの白和え 기노코노 시라아에

데리야키치킨은 아이부터 어른까지
모두가 좋아하는 맛입니다. 점심시간이
되기 전부터 유독 배가 고픈 날이 있는데
그럴 때는 데리야키덮밥이 생각납니다.
점심에 데리야키치킨덮밥으로 든든하게
배를 채우면 오후도 파이팅할 기운이
생기지요. 메인이 육류일 때는 채소 중심의
반찬으로 밸런스를 맞춰주면 좋습니다.

재료
쌀밥 2공기
닭고기(다리살) 2조각(400g)
대파(흰 부분) 적당량
산초가루 약간

소스
양조간장·미림·청주 2큰술씩
설탕 1큰술

1. 대파는 가늘게 채 썰어 얼음물에 5분 정도 담갔다가 건진다.

   TIP. 얼음물에 대파채를 담가두면 식감이 아삭해지고 매운맛이 빠진다. 또한 자연스러운 컬이 생겨 모양이 예쁘다.

2. 팬을 달군 뒤 기름을 두르지 않고 닭고기의 껍질 부분을 아래로 해서 굽는다.

   TIP. 이때 나오는 기름은 키친타월로 깨끗이 닦으면서 구워야 나중에 소스를 넣었을 때 불순물 없이 깨끗하게 구울 수 있다.

3. 껍질이 바삭하고 노릇하게 구워지면 뒤집어서 반대쪽 면도 굽는다. 반대쪽 면이 ⅔쯤 익으면 미리 섞어놓은 소스를 붓는다.

4. 소스가 반쯤 남으면 뒤집어서 껍질 쪽에도 소스가 배도록 조린다. 소스가 타지 않도록 주의하고 숟가락으로 소스를 끼얹어가며 굽는다.

5. 닭고기에 맛이 배고 소스가 걸쭉해지면 불을 끄고 한 김 식힌 뒤 먹기 좋게 썬다. 쌀밥 위에 닭고기를 얹고 산초가루를 뿌린 뒤 대파채를 올린다.

   TIP. 구운 뒤 바로 썰면 육즙이 빠져나오고 껍질도 살에서 분리되기 쉽다.

데리야키치킨덮밥

照り焼きチキン丼
데리야키치킨동

데리야키는 일본 요리의 조리법 중 하나로 간장을 베이스로 한 달콤한 양념을 식재료에 바르면서 윤기 나게 굽는 것을 말해요. 달콤하고 짭짤한 '단짠' 양념으로 만들어 남녀노소 누구나 좋아하죠. 일본의 햄버거 체인점에는 대부분 데리야키버거가 있을 정도로 인기입니다. 주로 닭고기나 방어로 요리하며 달콤한 간장 맛이 뻔하게 느껴질 때는 산초가루를 뿌려보세요. 한층 더 향이 풍부해지고 색다른 느낌을 줄 거예요.

가지된장국

なすの味噌汁
나스노 미소시루

오이생강무침

しょうが風味のたたききゅうり
쇼가 후미노 다타키 규리

적미소된장을 넣은 된장국입니다. 적미소된장은 단맛이 적고 개운한 맛이 있어서 여름용 국으로 먹거나 개운한 국물이 먹고 싶을 때 제격이지요. 또한 가지와도 맛이 잘 어우러집니다. 적미소된장이 없으면 일반 미소된장을 사용하세요.

오이를 나무 밀대나 단단한 것으로 두드려 균열을 낸 뒤 손으로 자른 것을 다타키 규리たたききゅうり라고 합니다. 칼로 매끈하게 썬 것보다 양념이 잘 묻어서 더 맛있습니다. 여기에 생강을 넣어 무치면 입 안을 산뜻하게 해줍니다.

재료
가지 ½개, 가쓰오부시국물 1½컵, 적미소된장 1⅓큰술

만드는 법
1. 가지는 깨끗이 씻어 1㎝ 두께로 썬다.
2. 냄비에 가쓰오부시국물을 붓고 끓이다가 국물이 끓으면 가지를 넣는다.
3. 가지가 살짝 익으면 적미소된장을 풀고 국이 끓기 직전에 불을 끈다.

재료
오이 2개
양념 양조간장 2큰술, 생강 다진 것 ½큰술, 식초·참기름 1작은술씩, 설탕·소금 ¼작은술씩

만드는 법
1. 분량의 양념 재료를 섞는다.
2. 오이는 씻어 물기를 제거하고 나무 밀대로 두드린 뒤 손으로 먹기 좋게 자른다.
3. 오이에 양념을 넣고 맛이 배도록 잘 섞는다.

점심.

버섯두부무침
きのこの白和え
기노코노 시라아에

일본에서는 두부무침을 '시라아에'라고 불러요. 물기를 제거한 두부를 으깨서 깨 간 것, 간장, 미소된장, 설탕을 섞어 소스처럼 만든 다음 채소를 넣어 버무린 요리이지요. 교토 특산품인 백미소된장을 조금 넣으면 맛이 깊어지고 은은한 단맛이 더해져 더욱 맛있어집니다. 백미소된장이 없다면 일반 미소된장을 사용하거나 양조간장으로만 간을 해도 맛있어요. 버섯은 취향에 따라 두세 종류 섞어서 사용하면 좋아요.

재료
두부 100g, 느타리버섯·표고버섯 50g씩, 참깨 곱게 간 것 1큰술, 양조간장 1작은술, 백미소된장 ½작은술, 설탕 ¼작은술 소금 약간

만드는 법
1. 두부는 키친타월로 감싼 뒤 30분간 무거운 것을 올려두어 물기를 뺀다.
2. 표고버섯은 슬라이스하고 느타리버섯은 찢어 달군 팬에 넣고 센 불에서 빠르게 볶는다.
3. 물기 뺀 두부를 으깬 뒤 참깨, 양조간장, 백미소된장, 설탕을 넣어 잘 섞는다.
4. 3에 2를 넣어 버무리고 간이 모자랄 경우 소금을 더한다.

② 무카레
정식

大根カレー定食
다이콩카레 데이쇼쿠

무카레
大根カレー 다이콩카레

무청밥
菜めし 나메시

미즈나샐러드
水菜のサラダ 미즈나노 사라다

일본풍, 일본식이라는 뜻의
'와후和風'라는 말이 있습니다.
파스타, 카레, 함바그 같은 외국 요리에
와후라는 말이 붙으면 일본식으로 맛을
냈다는 뜻이지요.
예를 들어, '와후 파스타'라고 하면 간장
등을 넣어 일본식으로 맛을 낸 파스타를
말합니다.
무카레는 가쓰오부시국물을 넣어 만든
와후 카레입니다.
무청밥에 교토 전통 채소인 미즈나水菜와
유부를 사용한 샐러드를 곁들여 일본
느낌을 더했습니다.

재료(4인분)
무 350g
돼지고기(뒷다리살) 200g
양파 1개
카레(고형) 4조각
가쓰오부시국물 3컵
생강 다진 것 1큰술
카레가루·양조간장 2작은술씩
식용유 적당량

1. 무는 사방 2cm 크기로 썰고 돼지고기는 한 입 크기로 썰고 양파는 채 썬다.
2. 냄비에 기름을 두르고 생강을 볶다가 돼지고기를 넣어 볶는다.

3. 돼지고기가 익으면 무, 양파, 카레가루를 넣고 재료의 겉면이 익을 정도로 볶는다.
4. 3에 가쓰오부시국물을 붓고 20분 정도 끓인다.

5. 무가 익으면 불을 끈 뒤 고형 카레를 다져 넣고 잘 섞는다.
   TIP. 고형 카레는 다져서 넣으면 쉽게 녹일 수 있다. 다질 때는 도마에 물이 들지 않도록 종이포일을 깔고 다지도록 한다. 무에 카레 맛이 잘 배도록 카레가루를 먼저 넣었는데 없으면 고형 카레만 사용해도 된다.
6. 고형 카레가 녹으면 불을 다시 켜 양조간장을 넣고 걸쭉해질 때까지 조금 더 끓인다.

점심.

무카레

大根カレー
다이콩카레

와후 카레는 보통 뿌리채소, 버섯, 시금치, 두부, 유부 등 자주 사용하는 전통 식재료에 간장, 가쓰오부시국물로 맛을 냅니다. 카레에 무를 넣는 것이 생소하게 느껴질 수 있지만 카레 맛이 밴 무는 정말 맛있어요. 카레와 가쓰오부시국물 또한 맛이 아주 잘 어울립니다.

무청밥

菜めし
나메시

데치거나 볶은 푸성귀 잎을 다져서 밥에 섞은 음식을 '나메시菜めし'라고 하는데 무청 외에도 순무청, 쑥갓, 셀러리 같은 채소로도 만들 수 있습니다. 자칫 버리기 쉬운 부분도 남김없이 요리에 활용하는 것이 오반자이의 특징입니다. 무청이 달린 무를 사면 버리지 말고 무청밥을 만들어보세요.

재료
쌀밥 2공기, 무청 100g, 소금 ⅔작은술, 소금(데침용) 약간

만드는 법
1. 무청은 끓는 물에 소금을 약간 넣고 1분 정도 데친다.
2. 데친 무청을 찬물에 담갔다가 건져 물기를 가볍게 제거한 뒤 0.7cm 길이로 다진다.
3. 2에 소금을 넣고 2~3분간 절인다.
4. 물기를 꼭 짠 뒤 밥에 섞는다.

미즈나샐러드

水菜のサラダ
미즈나노 사라다

교토 전통 채소 중 하나인 미즈나는 겨잣과의 채소로 '교나京菜(교토 나물)'라고도 부르는데 특유의 쌉싸름한 맛이 매력적입니다. 식감이 아삭아삭해서 생으로 먹기도 하고 절임, 전골, 조림 등에도 두루두루 사용합니다. 우리나라에서 맛볼 수 있는 유일한 교토 전통 채소가 아닐까 싶어요. '미즈水'는 물, '나菜'는 나물이라는 뜻인데, 이름에서 알 수 있듯 물만 주면 잘 자라는 채소라고 하여 베란다 텃밭에서 키우는 사람들도 많아요. 미즈나와 유부로 만든 샐러드는 교토의 이자카야나 음식점에서 자주 볼 수 있는데 여기에서는 참깨간장소스를 뿌려 와후 샐러드의 느낌을 더해 만들어보았습니다.

재료
미즈나 100g, 유부 30g
참깨간장소스 양조간장·식초 1큰술씩, 참깨·미림 ½큰술씩
참기름 1작은술, 설탕 ¼작은술

만드는 법
1. 미즈나는 씻어 물기를 뺀 뒤 5cm 길이로 썬다.
2. 유부는 팬에 기름을 두르지 않고 바삭하게 구운 뒤 1cm 너비로 썬다.
3. 참깨는 식감이 남도록 굵게 간 뒤 분량의 소스 재료를 넣고 섞는다.
4. 미즈나와 유부를 섞고 3의 소스를 뿌린다.

점심. 119

③

다누키우동 정식

たぬきうどん定食
다누키우동 데이쇼쿠

다누키우동
たぬきうどん 다누키우동

영양밥
かやくごはん 가야쿠고항

마와사비절임
長芋のわさび漬け 나가이모노 와사비즈케

교토의 겨울은
뼛속까지 시릴 정도로 춥습니다.
그래서인지 교토 사람들은 날이 추워지면
걸쭉한 다누키우동국물에 생강을
얹어 먹는데 한 그릇 비우고 나면
금세 몸이 뜨끈뜨끈해집니다.
여기에 우동의 단짝 영양밥과
아삭아삭한 마절임까지 곁들이면
훌륭한 점심 정식이 완성되지요.

교토 가정식

재료
우동면 400g
대파 ½대
생강 간 것 약간

유부조림
유부 100g
가쓰오부시국물 ½컵
국간장·설탕 1큰술씩
미림 2작은술

우동국물
가쓰오부시국물 4컵
전분·물 3큰술씩
국간장 1큰술
설탕 ½큰술
미림 2작은술
소금 1작은술

1. 유부는 키친타월로 눌러 기름을 제거한 뒤 0.7cm 너비로 썰고 대파는 어슷하게 썬다.
2. 냄비에 유부, 가쓰오부시국물, 국간장, 설탕, 미림을 넣고 물기가 없어질 때까지 조린다.

3. 물에 전분을 풀어 전분물을 만든다. 냄비에 전분물을 제외한 우동국물 재료를 넣고 끓이다가 국물이 끓으면 전분물을 조금씩 넣어가며 섞어 우동국물을 만든다.
   TIP. 전분물을 넣을 때는 국물이 끓고 있는 상태에서 국자로 국물을 저어가며 조금씩 넣어야 잘 풀어진다.
4. 우동면은 끓는 물에 1분 정도 삶은 뒤 찬물에 넣고 젓가락으로 흔들어준 뒤 건진다.

5. 3의 국물에 유부, 우동면, 대파를 넣어 1분 정도 끓인 뒤 그릇에 담고 생강을 얹는다.

점심.   123

다누키우동
たぬきうどん
다누키우동

다누키우동은 전분을 풀어 걸쭉하게 만든 우동국물에 유부, 파, 생강을 얹은 우동입니다. '다누키'는 너구리라는 뜻인데, 재미있는 것은 이 너구리가 다른 지역으로 가면 변신을 한다는 것입니다(일본에서는 지역마다 다누키우동의 형태가 다른 것을 가지고 너구리가 변신한다고 말하지요). 도쿄에서는 튀김 부스러기를 고명으로 얹은 심플한 우동을 말하고, 오사카에서는 유부가 들어간 소바를 말해요. 교토 스타일은 전분을 푼 우동국물에 유부, 파, 생강을 올린 것으로, 집에서도 우동집과 비슷한 맛을 낼 수 있습니다.

영양밥
かやくごはん
가야쿠고항

일본 영양밥의 기본이라고 할 수 있는 가야쿠고항은 다섯 가지 재료를 넣어 짓습니다. 밥을 지을 때 가쓰오부시 국물, 국간장, 미림 등을 넣기에 밥 자체만으로도 맛있습니다. 주먹밥으로 만들어도 좋은데 부재료는 취향에 따라 채를 썰거나 다져 넣어도 좋습니다.

재료
당근·우엉·유부·곤약 30g씩, 표고버섯 말린 것 10g
쌀·가쓰오부시국물 1컵씩, 국간장 1큰술, 미림 1작은술

만드는 법
1. 쌀은 씻어 30분간 불린다. 표고버섯도 미지근한 물에 30분 정도 불린다.
2. 당근, 우엉, 유부, 곤약, 표고버섯은 같은 크기로 다지듯이 잘게 썬다.
3. 불려둔 쌀을 체에 밭쳐 물기를 뺀 뒤 솥에 담고 2의 재료, 가쓰오부시국물, 국간장, 미림을 넣어 잘 섞는다.
4. 센 불로 10분쯤 끓여 김이 나면 약불로 줄여 10분, 불을 끄고 10분 뜸을 들인 뒤 고루 섞는다.

마와사비절임
長芋のわさび漬け
나가이모노 와사비즈케

와사비 양념에 마를 절였습니다. 마의 아삭아삭한 식감과 와사비의 톡 쏘는 향이 좋아요. 다소 무거울 수 있는 요리에 곁들이면 좋은 가벼운 느낌의 절임 메뉴입니다.

재료
마 200g, 와사비(곁들임용) 약간
와사비 양념 가쓰오부시국물 1½큰술, 미림 ½큰술, 양조간장 ¼큰술, 와사비·설탕·소금 ¼작은술씩

만드는 법
1. 마는 껍질을 벗기고 4cm 길이로 썬다.
2. 분량의 양념 재료를 섞는다.
3. 마에 와사비 양념을 부어 섞은 뒤 2~3시간 정도 절인다.
4. 더 알싸한 맛을 느끼고 싶을 때는 와사비를 곁들여 먹는다.

점심.

④ 채소찜
정식

蒸し野菜定食
무시야사이 데이쇼쿠

채소찜
蒸し野菜 무시야사이

쌀밥과 멸치산초볶음
白ごはん&ちりめん山椒 시로고항&지리멘산쇼

달걀된장국
落とし卵の味噌汁 오토시 다마고노 미소시루

비지조림
おからの炊いたん 오카라노 다이탄

채소찜을 메인으로 한 건강한 정식 세트입니다.
교토의 백미소된장을 사용해 채소찜 소스를 만들고, 쌀밥과 어울리도록 교토 명물 반찬인 멸치산초볶음을 준비했습니다.
오반자이의 대표 반찬인 비지조림과 달걀된장국이 단백질을 보충해줍니다.
여자친구들끼리 점심을 먹을 때 차리면 좋을 것 같아요.

재료
줄기콩 100g
콜리플라워 60g
감자(소) 2개
양파(소) 1개
소금 약간

참깨된장소스
백미소된장·가쓰오부시국물(또는 물)
1½큰술씩
미림·참깨 곱게 간 것 1큰술씩
설탕 약간

1. 감자는 깨끗이 씻은 뒤 익기 쉽게 2~4등분하고 양파는 4등분한다. 콜리플라워, 줄기콩은 씻어서 물기를 뺀다.

2. 찜기에 감자, 양파, 콜리플라워를 올리고 소금을 살짝 뿌린 뒤 뚜껑을 닫고 10분 정도 찐다.
   TIP. 먹기 좋게 찜기 1개당 1인분씩 올려서 2단으로 찐다.
3. 2의 재료가 어느 정도 익으면 줄기콩을 넣고 5분 더 찐다.
4. 분량의 재료를 섞어 참깨된장소스를 만든 뒤 채소찜에 곁들인다.

채소찜

蒸し野菜
무시야사이

채소를 찜기에 쪄서 소스에 찍어 먹는 음식입니다. 일본에서는 이런 종류의 익힌 채소를 '온야사이溫野菜(온채소)'라고 해요. 채소를 익혀 먹으면 몸을 차갑게 하지 않는다고 하여 겨울에 특히 인기가 있습니다. 제철 채소를 준비한 뒤 딱딱하거나 오래 익혀야 하는 것은 먼저 넣고 부드러운 것은 나중에 넣어 찌면 되지요. 고소한 참깨된장소스를 곁들이면 심심한 채소의 맛과 잘 어우러집니다. 작은 나무 찜기에 찐 경우 그대로 상에 내도 좋아요.

쌀밥과 멸치산초볶음
白ごはん&ちりめん山椒
시로고항&지리멘산쇼

멸치산초볶음은 교토의 명물 음식입니다. 산초 열매는 톡 쏘는 알싸한 맛이 나는데 음식에 넣으면 독특한 향과 맛이 아주 좋아요. 일본에서는 산초 열매를 데쳐서 병조림을 한 것이나 소금으로 절인 것, 양념으로 조린 것을 흔히 구할 수 있지요. 산초 열매는 냉동실에 넣어두면 1년 동안 보관 가능하고 사용 전 꺼내 고기를 구울 때나 조림 요리에 넣으면 맛있어요. 국내에서는 산초 열매 장아찌를 쉽게 구할 수 있는데 산초 열매 장아찌나 소금절임을 사용할 경우에는 간장의 양을 조금 줄여주세요.

재료
쌀 불린 것·물 1컵씩
잔멸치 40g, 청주 ¼컵, 산초 열매 데친 것 1큰술
양조간장·미림 ½큰술씩, 설탕 ½작은술

만드는 법
1. 쌀과 물을 솥에 담고 뚜껑을 닫은 뒤 센 불로 끓이다가 김이 나면 약불로 줄여 10분쯤 끓인 후 불을 끈다.
2. 냄비에 청주, 양조간장, 미림, 설탕을 넣고 끓인다.
3. 2가 끓으면 잔멸치를 넣고 볶다가 양념이 반 정도 줄면 산초 열매를 넣어 물기가 없어질 때까지 조린다.
4. 밥 위에 얹어 먹거나 반찬으로 담아 낸다.

점심.

달걀된장국
落とし卵の味噌汁
오토시 다마고노 미소시루

교토에서 대학을 다니던 시절 아르바이트를 했던 오래된 깃사텡은 차와 함께 정식 세트도 파는 곳이었는데, 달걀된장국은 그곳에 있던 메뉴예요. 만드는 방법은 수란과 비슷해요. 하지만 건져낼 게 아니기 때문에 모양은 그리 신경 쓰지 않아도 됩니다.

재료
달걀 2개, 가쓰오부시국물 1½컵, 미소된장 1⅓큰술

만드는 법
1. 냄비에 가쓰오부시국물을 붓고 끓인다.
2. 가쓰오부시국물이 끓으면 달걀을 깨뜨려 넣고 그대로 둔다. 흰자가 익기 시작하면 국자로 살살 달걀을 모아 한덩어리로 만든다.
3. 달걀이 반숙 정도로 익으면 미소된장을 풀고 국이 끓기 직전에 불을 끈다.

비지조림
おからの炊いたん
오카라노 다이탄

비지는 일본에서 주로 조림이나 샐러드로 먹는데 함바그나 고로케 같은 요리를 할 때 고기 양을 줄이고 비지를 넣기도 합니다.

재료
비지 100g, 당근·유부 20g씩, 표고버섯 1개, 쪽파 1대
가쓰오부시국물 ½컵, 식용유 적당량
양념 국간장 ½큰술, 설탕·미림 1작은술씩, 소금 ¼작은술

만드는 법
1. 당근, 유부는 채 썰고 표고버섯은 얇게 썬다.
2. 팬에 기름을 두르고 비지를 넣어 충분히 볶은 뒤 1을 넣고 잘 섞으면서 볶는다.
3. 2에 가쓰오부시국물, 분량의 양념 재료를 모두 넣고 물기가 없어질 때까지 조린다.
4. 쪽파를 다져 넣고 섞은 뒤 불을 끈다.

⑤ 쇠고기연근볶음 도시락

牛肉とれんこんの甘辛炒め弁当
규니쿠토 렌콘노 아마카라 이타메 벤토

쇠고기연근볶음
牛肉とれんこんの甘辛炒め 규니쿠토 렌콘노 아마카라 이타메

현미밥
玄米ごはん 겐마이고항

무말랭이조림
切り干し大根の炊いたん 기리보시다이콩노 다이탄

줄기콩된장무침
インゲン豆のくるみ味噌和え 인겐마메노 구루미미소 아에

매실절임
梅干し 우메보시

일본은 도시락 문화가 발달한 나라입니다.
판매하는 도시락의 종류도 상당하고 직접
도시락을 싸가지고 다니는 사람들도 많죠.
일본에서 직장 생활을 할 때 점심시간이면
전자레인지 앞에 도시락을 데우려는
사람들로 북적거릴 정도였습니다. 도시락을
싸는 것도 좋아하지만 다른 사람의
도시락을 구경하는 것이 특히 즐거웠어요.
조리고 볶고 무치고… 알록달록하게 싼
도시락은 보기만 해도 맛이 느껴지지요.
도시락 반찬은 식어도 맛있도록 간을 조금
세게 하는 것이 좋습니다.
또한 질리지 않고 맛있게 먹을 수 있도록
짠맛, 단맛, 신맛을 적절히 조화해서
만드세요.

교토 가정식

재료
쇠고기(우둔살)·연근 80g씩
미림·양조간장 1큰술씩
식용유 적당량

1. 연근은 껍질을 벗기고 어슷하게 한 입 크기로 썰고 쇠고기는 키친타월로 감싸 핏물을 닦고 한 입 크기로 썬다.
2. 팬에 기름을 두르고 연근을 볶는다.
3. 연근에 약간 눋은 자국이 날 정도로 볶아지면 쇠고기를 넣고 볶는다.

4. 미림과 양조간장을 섞어 3에 넣는다.
5. 물기가 없어질 때까지 볶는다.

점심.

쇠고기연근볶음

牛肉とれんこんの甘辛炒め
규니쿠토 렌콘노 아마카라 이타메

미림, 양조간장을 넣어 짭짤하게 볶은 반찬입니다. 밥과 잘 어울리는 것은 물론 고기와 채소가 들어가 영양적으로도 균형이 잡힌 메뉴입니다.

현미밥
玄米ごはん
겐마이고항

무말랭이조림
切り干し大根の炊いたん
기리보시다이콩노 다이탄

백미와 현미를 1:1 비율로 섞어 지으면 현미의 까슬한 식감이 부담스럽지 않습니다. 일본에서는 백미와 현미를 2:1로 섞는 것이 가장 일반적이지만, 1:1로 섞거나 100% 현미만으로 밥을 짓는 경우도 많습니다.

무말랭이조림은 교토 가정의 밥상에 늘 오르는 반찬 중 하나입니다. 이런 조림 반찬이 냉장고 안에 하나쯤 있으면 든든하지요. 무말랭이조림에는 항상 유부와 당근이 들어갑니다.

재료
물 1¼컵, 쌀·현미 ½컵씩

재료
유부 30g, 무말랭이·당근 20g씩, 가쓰오부시국물(또는 무말랭이 불린 물) 1컵, 국간장 1큰술, 청주·설탕 2작은술씩, 소금 ¼작은술, 식용유 적당량

만드는 법
1. 쌀과 현미를 함께 씻는다.
2. 1시간 정도 불린 뒤 솥에 넣는다.
3. 센 불로 10분, 약불로 10분, 불 끄고 10분 뜸을 들인 뒤 잘 섞는다.

만드는 법
1. 무말랭이는 가볍게 씻어 물에 30분 정도 담가 불린 뒤 물기를 짠다. 유부, 당근은 채 썬다.
2. 냄비에 기름을 두르고 1을 넣어 볶는다.
3. 2에 가쓰오부시국물과 청주를 넣고 5분쯤 끓이다가 국간장, 설탕, 소금을 넣고 국물이 반 정도 남을 때까지 조린다.

점심.   137

줄기콩된장무침
インゲン豆のくるみ味噌和え
인겐마메노 구루미미소 아에

매실절임
梅干し
우메보시

줄기콩은 우리나라에서는 주로 서양 음식에 사용하지만 일본에서는 반찬으로 즐겨 먹는 재료입니다. 주로 간장 양념으로 깨무침을 하는 경우가 많지만 호두와 미소된장으로 무쳐도 맛있습니다. 물기가 없어서 도시락 반찬으로 제격이에요.

재료
줄기콩 50g, 호두 15g, 미소된장 1작은술, 식초 ½작은술, 소금 적당량

만드는 법
1. 줄기콩은 소금을 넣은 끓는 물에 1분 정도 살짝 데쳐 물기를 제거하고 3㎝ 길이로 썬다.
2. 호두는 절구에 넣고 형태가 없어지지 않도록 반쯤 빻는다.
3. 2에 미소된장과 식초를 넣고 섞은 뒤 1과 버무린다.

매실절임은 우메보시라고 부르며 일본 가정에서는 가장 기본이 되는 저장 반찬입니다. 매실절임은 시고 짠 맛이 있어서 식사에 곁들이면 밥맛을 좋게 해주고, 입맛을 개운하게 해줍니다. 씨를 제거한 과육을 갈아서 소스도 만들고 채소를 절이기도 하며, 다져서 고기를 찍어 먹기도 합니다. 예전에는 가정에서 매실절임을 만들어 먹었지만 근래에는 시판 제품을 구매해서 먹는 집이 많은 것 같아요. 전통적인 방법으로 만든 매실절임은 굉장히 시고 짜지만 시판 매실절임은 소금의 양을 줄였거나 꿀이나 가쓰오부시로 맛을 내 먹기 쉽게 만든 것들이 많습니다. 소금의 양을 줄인 시판 매실절임이라도 6개월 정도는 냉장고에 두고 먹을 수 있으니, 일본에 갈 기회가 있다면 종류가 다른 여러 가지 매실절임을 한번 구입해보세요.

* 시판하는 저염 매실절임을 사용했습니다.

⑥ 주먹밥 도시락

おにぎり弁当
오니기리 벤토

연어와 다시마주먹밥
鮭&昆布おにぎり 사케&곤부 오니기리

달걀부추부침
ニラの卵焼き 니라노 다마고야키

당근볶음
にんじんのきんぴら 닌징노 긴피라

순무절임
かぶの浅漬け 가부노 아사즈케

일본인의 솔 푸드인 주먹밥은 만들기도
쉽고 먹기도 편한 메뉴이지요.
겉에 김으로 한번 감싸주면 밥알을 손에
묻히지 않고 먹을 수 있어 편리합니다.
요즘은 이색 재료를 넣은 주먹밥도 있지만
연어, 다시마, 매실절임과 같이 오래전부터
먹던 재료를 넣은 게 가장 맛있다고
생각하는 일본인들이 많습니다.
연어와 다시마를 넣은 주먹밥에 달걀부침,
채소 반찬을 더해주면 소박하지만 완벽한
도시락을 완성할 수 있어요.

재료
쌀밥 400g
연어 1조각(약 80g)
다시마 20g
김(김밥용) 2장
물 1컵
소금 ½큰술
미림 1작은술
양조간장 ¼작은술
소금(손에 바르는 용도) 한꼬집

다시마 양념
미림·청주·양조간장
 ½큰술씩
설탕 1작은술
참깨 ½작은술

1. 냄비에 물, 소금, 연어를 넣고 센 불로 3분 정도 끓인다. 이때 나오는 거품은 걷어낸다.
2. 연어는 건져 물기를 제거하고 껍질을 벗긴 뒤 살을 부스러뜨린다.

3. 냄비에 연어 살을 넣고 1의 연어 데친 물 2큰술과 미림을 넣어 수분이 없어질 때까지 볶다가 양조간장을 섞어 연어 플레이크를 만든다.
4. 다시마는 살짝 언 상태에서 가늘게 채 썬다.

5. 냄비에 참깨를 제외한 분량의 다시마 양념과 다시마를 넣고 물기가 없어질 때까지 10분 정도 중약불로 조린 뒤 참깨를 뿌리고 불을 끈다.
6. 손에 물을 가볍게 묻히고 소금을 한꼬집 펴 바른 다음 쌀밥을 100g 정도 덜어 둥글게 뭉친다.
   TIP. 주먹밥에 사용하는 밥은 평소보다 밥물을 조금 적게 넣어 고슬고슬하게 짓는 것이 좋다.
7. 밥의 안쪽에 홈을 판 뒤 연어를 넣고 감싼다. 같은 방법으로 연어 1개, 다시마 2개를 더 만든다.
8. 살짝 눌러 삼각형으로 모양을 만든 뒤 반으로 자른 김으로 감싼다.

연어와 다시마주먹밥
鮭&昆布おにぎり
사케&곤부 오니기리

연어는 살을 발라서 사용하면 주먹밥으로 만들기 쉽습니다. 일본의 슈퍼마켓에는 플레이크 형태의 연어를 팔지만 집에서 만들면 더 건강하게 먹을 수 있습니다. 만드는 방법도 간단하니 직접 만들어볼 것을 추천합니다.

다시마주먹밥은 국물을 내고 남은 다시마를 냉동실에 모아두었다가 조림으로 만들면 알뜰하게 쓸 수 있습니다. 국물을 낸 다시마는 그냥 썰면 미끌거리니 살짝 얼린 뒤 썰어보세요. 다시마조림은 넉넉히 만들어도 좋은데 냉장고에 보관하면 2주일 정도까지는 두고 먹을 수 있습니다.

달걀부추부침
ニラの卵焼き
니라노 다마고야키

달걀부침은 누구나 손쉽게 만들 수 있는 반찬입니다. 달걀 요리에 부추를 넣으면 맛도 좋고 모양도 화려해서 도시락 반찬으로 좋지요. 팬에 부쳐도 되지만 달걀의 양이 적을 때는 달걀말이 팬을 이용하면 넓게 퍼지지 않고 두께감이 생겨서 더 예뻐요.

재료
달걀 2개, 부추 40g, 소금 ¼작은술, 식용유 적당량

만드는 법
1. 부추는 씻어 물기를 털고 2cm 길이로 썬다.
2. 팬에 기름을 두르고 부추를 넣어 숨이 죽을 정도로만 볶는다.
3. 달걀에 소금을 넣어 푼 뒤 2에 넣고 부추와 섞는다.
4. 달걀이 반숙 정도로 익으면 달걀말이를 하는 것처럼 2~3번 말아 먹기 좋은 크기로 썬다.

점심.

당근볶음
にんじんのきんぴら
닌징노 긴피라

순무절임
かぶの浅漬け
가부노 아사즈케

채 썬 당근을 양념해 볶은 메뉴입니다. 이렇게 채 썬 형태의 반찬은 도시락의 빈틈을 채우기도 좋고 색도 예뻐서 도시락 반찬으로 좋습니다.

소금에 절인 순무는 간간하고 아삭해서 주먹밥과 궁합이 잘 맞는 재료입니다. 피클이나 김치의 강한 맛이 부담스럽다면 순무절임을 곁들여보세요. 강화도 순무를 사용하면 색이 예쁜데 순무가 없다면 오이나 배추 등의 채소를 사용해도 좋습니다.

재료
당근 100g, 미림 ½큰술, 양조간장 1작은술, 식용유 적당량
참깨 약간

만드는 법
1. 당근은 4㎝ 길이로 자른 뒤 채 썬다.
2. 팬에 기름을 두르고 당근, 미림, 양조간장을 넣고 당근의 숨이 많이 죽지 않을 정도로만 볶는다.
3. 불을 끄기 직전 참깨를 뿌린다.

재료
순무 100g, 소금 3g, 다시마(건조) 채 썬 것 1g, 홍고추 말린 것 약간

만드는 법
1. 순무는 씻은 뒤 쉽게 절여지도록 0.3㎝ 정도의 얇은 부채꼴 모양으로 썬다.
2. 홍고추는 가위로 잘게 자른다.
3. 순무에 소금, 다시마채, 홍고추를 넣어 잘 섞이도록 버무린다.
4. 냉장고에 1시간 정도 두었다 먹는다.
   TIP. 냉장고에 보관한 상태로 2~3일 정도 먹을 수 있다.

네
번
째

저녁.

晩ごはん 방고항

저녁은 하루 중 가장 여유 있게 식사를 할 수 있는 시간입니다. 일본인들은 저녁을 미리 만들어놓은 반찬으로 밥을 먹지 않고 바로 준비해 먹는 경우가 많아요. 함바그나 돈가스같이 든든한 메인 요리에 반주를 즐기는 사람도 많습니다. 메인 메뉴가 다소 무거울 때는 곁들이는 반찬과 국을 채소 위주로 하여 영양과 맛의 균형을 맞추는 것이 좋습니다.

① 고로케
정식

コロッケ定食
고로케 데이쇼쿠

저녁.

고로케 コロッケ 고로케
쌀밥 白ごはん 시로고항
셀러리된장국 セロリの味噌汁 세로리노 미소시루
가지조림 なすの煮浸し 나스노 니비타시
우엉깨초무침 たたきごぼう 다타키 고보

우리나라는 집에서 고로케를 잘 만들지 않지만 일본 가정에서는 흔히 만들어 먹습니다. 정식집에도 꼭 있는 메뉴이지요. 감자가 주재료인 고로케에 오반자이의 대표 반찬인 가지조림과 우엉깨초무침, 산뜻한 셀러리된장국을 곁들여 정식 세트를 구성했습니다.

고로케
コロッケ
고로케

원래 프랑스의 '크로켓croquette'에서 유래한 음식이지만, 이제는 고로케라는 발음이 더 친숙한 일본 국민음식으로 정착했습니다. 일본에서는 집에서 만들어 먹기도 하지만 밖에서 사먹는 경우도 많습니다. 특이한 점은 정육점에서도 고로케를 살 수 있다는 것이지요.

감자와 쇠고기를 넣은 것이 가장 일반적이고 게살이나 크림, 카레를 넣은 고로케도 인기가 있습니다. 소개하는 레시피는 소스 없이도 먹을 수 있도록 간이 되어 있지만 입맛에 따라 케첩이나 우스터소스를 곁들여도 좋습니다.

저녁.

재료
쇠고기(우둔살) 다진 것 100g
감자 4개
달걀 1개
양파 ½개
밀가루·빵가루·식용유·양상추
적당량씩
소금·후춧가루 약간씩

1. 쇠고기는 키친타월에 얹어 핏물을 빼고 양파는 잘게 다진다. 팬에 기름을 두르고 양파를 볶다가 노릇하게 익으면 쇠고기, 소금, 후춧가루를 넣어 볶는다.
2. 감자는 삶아 껍질을 벗기고 소금 ½작은술을 넣어 으깬다.

3. 감자에 볶은 쇠고기를 넣고 섞는다.
4. 3을 4등분해 하나씩 뭉친 뒤 둥글넓적한 모양으로 만든다.
5. 밀가루, 달걀물, 빵가루 순으로 튀김옷을 입힌다.

6. 170℃로 달군 기름에 5를 넣고 노릇하게 튀긴다.
7. 튀긴 고로케는 채반이나 키친타월 위에 잠시 올려 기름을 뺀 뒤 그릇에 담고 한 입 크기로 자른 양상추를 곁들인다.

   TIP. 양상추에는 마요네즈나 유자폰즈소스, 우스터소스 등 입맛에 맞는 소스 또는 드레싱을 뿌려 먹는다.

쌀밥
白ごはん
시로고항

p. 39의 재료와 만드는 법을 참고하세요.

셀러리된장국
セロリの味噌汁
세로리노 미소시루

셀러리를 된장국에 넣으면 향도 좋아지고 맛도 산뜻해집니다. 메인 음식이 다소 무거울 때 곁들이면 좋습니다. 식감도 향도 좋아서 즐겨 먹는 된장국이에요.

재료
셀러리 1대, 가쓰오부시국물 1½컵, 미소된장 1⅓큰술

만드는 법
1. 셀러리는 씻어 질긴 섬유질을 벗기고 0.5㎝ 정도의 두께로 썬다.
2. 냄비에 가쓰오부시국물을 넣고 끓이다가 국물이 끓으면 셀러리를 넣는다.
3. 2~3분 정도 끓이다가 셀러리가 익으면 미소된장을 풀고 국이 끓기 직전에 불을 끈다.

저녁.

가지조림
なすの煮浸し
나스노 니비타시

우엉깨초무침
たたきごぼう
다타키 고보

구운 가지를 조린 뒤 냉장 보관하여 차갑게 먹는 요리입니다. 마치 고기를 먹은 것과 같은 감칠맛과 깊은 맛이 특징입니다.

교토를 포함한 긴키 지방의 설날 명절 음식으로 빠지지 않는 무침입니다. 아삭한 식감과 식초의 새콤함이 쓰케모노의 역할을 해줍니다.

재료
가지 2개, 가쓰오부시국물 1컵, 미림 2큰술, 양조간장·국간장 1큰술씩, 설탕 ½작은술, 가쓰오부시·식용유 약간씩

재료
우엉 200g, 식초(데침용) 약간
참깨초 양념 참깨 ½컵, 식초·양조간장 1큰술씩, 설탕 ½큰술

만드는 법
1. 가지는 세로로 갈라 반 자른다. 껍질이 위로 오게 두고 0.3cm 정도의 간격으로 어슷하게 칼집을 낸다.
2. 팬을 달군 뒤 기름을 두르고 가지를 넣어 양면을 구운 뒤 가쓰오부시국물, 미림, 양조간장, 국간장, 설탕을 넣고 끓인다.
3. 양념이 끓으면 3분 정도 더 끓이다가 불을 끄고 한 김 식힌다.
4. 맛이 배도록 냉장고에 2~3시간 넣어둔 다음 먹을 때 가쓰오부시를 뿌린다.

만드는 법
1. 우엉은 껍질을 벗기고 3cm 정도의 길이로 자른 뒤 세로로 4등분한다. 얇은 부분은 2등분한다.
2. 끓는 물에 식초를 넣고 우엉을 2분 정도 데친 뒤 찬물에 헹궈 물기를 뺀다.
3. 물기 뺀 우엉을 밀대로 두드려 가볍게 편다.
   TIP. 우엉을 두드릴 때는 모양이 너무 으깨지지 않도록 주의하며 넓적하게 편다.
4. 절구에 참깨를 넣어 반쯤 간 뒤 나머지 분량의 재료를 섞어 참깨초 양념을 만든다.
5. 4에 우엉을 넣고 무친다.

② 삼겹살조림 정식

角煮定食
가쿠니 데이쇼쿠

저녁.

삼겹살조림 角煮 가쿠니
오색미밥 五色米ごはん 고시키마이고항
채소국 千切り野菜のお吸い物 센기리 야사이노 오스이모노
양파샐러드 たまねぎの梅おかか和え 다마네기노 우메 오카카 아에
된장소스쪽파 ねぎの酢味噌あえ 네기노 스미소 아에

삼겹살조림을 뜻하는 '가쿠니角煮'에 채소로
국과 반찬을 만들어 영양에 균형을 맞춘 정식을 소개합니다.
기름기가 많은 가쿠니는 양파샐러드와 함께 먹으면
느끼하지 않지요.
쪽파와 채소국 또한 모두 산뜻하고 담백해서
가쿠니와 잘 어울립니다.

삼겹살조림

角煮
가쿠니

일본의 이자카야에서는 가쿠니를 큰 접시에 잔뜩 쌓아놓고 주문이 들어올 때마다 내주는 모습을 종종 볼 수 있습니다. 윤기 있고 부드럽게 조린 가쿠니는 반찬뿐만 아니라 안주로도 좋은 메뉴이지요. 기름기가 많아 조금 느끼할 수 있으니 조릴 때 식초를 넣으면 신맛은 많이 나지 않으면서도 느끼함은 줄어듭니다. 오토시부타(조림 뚜껑)를 사용하면 윗부분까지 양념이 골고루 스며들어 더 맛있어요.

저녁.

재료
돼지고기(삼겹살) 500g
달걀 삶은 것 2개
대파(파란 부분) 1대
생강 2톨
물 2컵
식초 1컵
양조간장 2큰술
설탕·청주·미림 1큰술씩
물(끓이는 용도) 적당량

1. 삼겹살은 키친타월로 핏물을 닦고 3㎝ 정도의 두께로 네모나게 썬다. 팬을 달군 뒤 기름을 두르지 않고 삼겹살을 넣어 노릇하게 굽는다.
2. 고기에서 나온 기름은 키친타월로 닦아내고 고기가 잠길 정도로 물을 부어 10분 정도 끓인 뒤 건진다.

3. 냄비에 건져낸 삼겹살과 물, 식초, 대파, 생강을 넣는다.
4. 조림 뚜껑을 덮고 중불에서 20분 정도 삶는다. 조림 뚜껑이 없을 때는 냄비 뚜껑을 덮고 가끔씩 물의 양을 확인하며 삶는다.
5. 고기가 부드럽게 삶아지면 대파는 건져낸다. 물이 많이 줄어 있으면 적당히 물을 추가한 뒤 양조간장, 설탕, 청주, 미림을 넣는다.

6. 다시 조림 뚜껑을 덮고 그 위에 냄비 뚜껑도 덮어 약불에서 20분 정도 조린다.
   TIP. 조림 뚜껑이 없을 때는 냄비 뚜껑만 덮고, 고기에 고루 양념이 배도록 가끔 고기를 뒤집는다.
7. 국물이 조금만 남을 정도로 조려지면 달걀을 넣고 2~3분 정도 두었다가 불을 끈다.

오색미밥
五色米ごはん
고시키마이고항

쌀과 다섯 가지 색의 쌀(현미, 찰현미, 흑미, 녹미, 홍미)을 섞어 지은 밥입니다. 지었을 때 색이 다채로워 보기에 좋고 다양한 식감을 느낄 수 있어요.

재료
물 1¼컵, 쌀 ⅔컵, 오색미(현미, 찰현미, 흑미, 녹미, 홍미) ⅓컵

만드는 법
1. 쌀과 오색미를 섞어 씻은 뒤 체에 밭쳐 물기를 뺀다.
2. 1의 쌀을 1시간 정도 물에 불린 뒤 솥에 넣는다. 센 불에서 10분쯤 끓여 김이 나면 약불로 줄여 13분 정도 끓인 뒤 불을 끄고 10분간 뜸 들인다.

채소국
千切り野菜のお吸い物
센기리 야사이노 오스이모노

가쓰오부시국물과 채소가 어우러진 담백한 국입니다. 무거운 요리에는 가벼운 채소국을 곁들이면 부담스럽지 않습니다. 아침 식사용으로도 좋은 메뉴로, 가늘게 채 썬 채소를 살짝만 익혀야 식감이 좋습니다.

재료
무 40g, 당근 20g, 가쓰오부시국물 1½컵, 국간장 2작은술
대파(흰 부분) 약간

만드는 법
1. 무, 당근, 대파는 가늘게 채 썬다.
2. 냄비에 가쓰오부시국물을 붓고 끓인다.
3. 국물이 끓으면 국간장, 1의 채소를 넣어 한소끔 끓이고 불을 끈다.

저녁.

양파샐러드
<mark>たまねぎの梅おかか和え</mark>
다마네기노 우메 오카카 아에

된장소스쪽파
<mark>ねぎの酢味噌あえ</mark>
네기노 스미소 아에

양파의 개운함과 매실의 새콤함이 입맛을 돋워줍니다. 기름진 요리에 곁들이면 느끼하지 않게 먹을 수 있지요. 햇양파가 나오는 시기에 만들면 매운맛이 덜하고 수분이 많아 생으로 먹어도 부담스럽지 않아요. 햇양파가 없을 때는 찬물에 담가 매운맛을 빼고 사용해야 맛있게 먹을 수 있습니다. 드레싱을 만들고 싶으면 올리브유에 간장을 살짝 넣어보세요. 다른 재료를 더하지 않아도 그대로 맛있답니다.

백미소된장으로 만든 소스는 채소나 해물 어디에나 잘 어울립니다. 일본에서는 백미소된장소스를 데친 오징어, 꼴뚜기, 파, 조개, 미역 등에 얹어 먹는데 이자카야나 초밥집에서 전채 음식으로 종종 나오기도 합니다. 백미소된장으로 만들면 마요네즈라고 느껴질 정도로 맛이 부드러워요. 일반 된장을 사용한다면 된장의 양은 줄이고 설탕을 약간 추가하세요.

재료
매실절임 2개, 양파 1개, 올리브유 1큰술, 양조간장 ½작은술, 가쓰오부시 약간

재료
쪽파 100g
된장소스 백미소된장 2큰술, 식초·가쓰오부시국물(또는 물)·연겨자 1작은술씩

만드는 법
1. 양파는 채 썰어 찬물에 10분 정도 담근 뒤 물기를 뺀다.
2. 매실절임은 씨를 발라내고 과육만 다진다.
3. 그릇에 양파, 매실을 담고 올리브유, 양조간장, 가쓰오부시를 뿌려 섞어 먹는다.

만드는 법
1. 쪽파는 끓는 물에 살짝 데친 뒤 물기를 빼고 5㎝ 길이로 썬다.
2. 분량의 된장소스 재료를 섞는다.
3. 접시에 쪽파를 담고 된장소스를 뿌린다.

돼지고기 생강구이 정식

豚の生姜焼き定食
부타노 쇼가야키 데이쇼쿠

저녁.

돼지고기생강구이 豚の生姜焼き 부타노 쇼가야키
현미밥 玄米ごはん 겐마이고항
연근국 レンコンのすり流し 렌콘노 스리나가시
시금치나물 ほうれん草と干しえびのお浸し 호렌소토 호시에비노 오히타시
방울토마토향미채소무침 ミニトマトの香味和え 미니토마토노 고미 아에

매콤한 향과 맛으로 식욕을 자극하는 돼지고기생강구이와
향미 채소와 무쳐 입맛을 산뜻하게 해주는 토마토무침,
보리새우를 넣은 시금치나물, 연근국을 세트로 구성했습니다.
고기와 채소, 해물이 모두 들어간 건강식으로, 여름에 기력이
떨어졌을 때 먹으면 좋습니다.

돼지고기생강구이

豚の生姜焼き
부타노 쇼가야키

일본의 고기 요리나 생선 요리에는 생강을 사용하는 경우가 많습니다. 잡냄새를 없애는 것은 물론 음식에 특유의 알싸한 맛과 향을 더해주지요. 돼지고기생강구이 또한 일본인들이 즐겨 먹는 메뉴로 조리법이 간단해 집에서 손쉽게 만들 수 있습니다. 돼지고기와 채 썬 양파를 함께 구워도 맛있어요.

저녁.

재료
돼지고기(뒷다리살) 200g
양파 ½개

양념
양조간장·미림 2큰술씩
청주 1큰술
생강 간 것 ½큰술
식용유 적당량

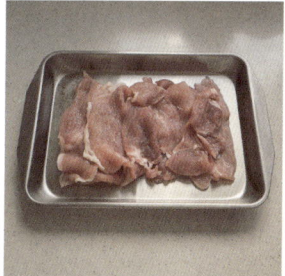

1. 돼지고기는 키친타월로 눌러 핏물을 닦고 먹기 좋은 크기로 썬다.
2. 분량의 양념 재료를 섞는다.
3. 양파는 채 썰어 기름 두른 팬에 볶는다.

4. 양파가 어느 정도 볶아지면 팬 한쪽으로 밀어두고 돼지고기를 넣어 앞뒤로 뒤집어가며 굽는다.

    TIP. 돼지고기를 구우면서 나오는 수분과 불순물은 키친타월로 닦아내면 양념을 부어도 지저분해지지 않는다.

5. 돼지고기가 익으면 구이 양념을 붓고 고기에 양념이 배도록 2~3분간 조린다.

현미밥
玄米ごはん
겐마이고항

연근국
レンコンのすり流し
렌콘노 스리나가시

100% 현미로 맛있게 밥을 짓기 위한 포인트입니다. 현미를 씻을 때는 양손으로 비벼서 씻는 것이 좋습니다. 그 다음 하룻밤 물에 불립니다. 밥을 지을 때는 소금을 조금 넣어주면 현미에 물이 잘 흡수되어 부드러운 현미밥을 지을 수 있어요.

'스리나가시すり流し'란 채소나 두부, 생선 등의 식재료를 갈거나 으깨서 육수에 푼 일본 전통 국 요리로, 서양의 수프 요리인 포타주와 비슷한 식감입니다.
연근을 갈아서 국을 만들면 적당한 걸쭉함이 생겨 식감도 좋고 맛도 좋습니다. 맑은 국물에 끓여도 맛있고 된장을 넣어도 맛있습니다.

재료
물 1½컵, 현미 1컵, 소금 ¼작은술

만드는 법
1. 현미는 양손으로 비벼 씻은 뒤 체에 밭쳐 물기를 뺀다.
2. 물기 뺀 현미에 분량의 물을 붓고 하룻밤(또는 7시간 이상) 불린다.
3. 솥에 현미와 물을 붓고 소금을 넣어 가볍게 섞은 뒤 뚜껑을 닫고 불을 켠다.
4. 센 불로 끓이다가 솥에서 김이 나면 약불로 줄여 20~25분쯤 끓인 뒤 불을 끈다.
5. 10분 정도 뜸 들이고 잘 섞는다.

재료
연근 100g, 가쓰오부시국물 1½컵, 미소된장 1큰술, 청주 ½큰술, 산초가루 약간

만드는 법
1. 연근은 껍질을 벗겨 강판에 간다.
2. 냄비에 가쓰오부시국물을 붓고 끓이다가 국물이 끓으면 연근, 청주를 넣고 한소끔 끓인다.
3. 미소된장을 풀어 넣고 국이 끓기 직전 불을 끈다.
4. 먹기 전에 산초가루를 뿌린다.

저녁.

시금치나물

ほうれん草と干しえびのお浸し
호렌소토 호시에비노 오히타시

방울토마토향미채소무침

ミニトマトの香味和え
미니토마토노 고미 아에

'오히타시お浸し'는 데친 채소를 간장으로 맛을 낸 가쓰오부시국물에 담가 맛이 배도록 두었다가 먹는 음식을 말해요. 시금치는 오히타시의 단골 재료로, 국물에 담가 그대로 먹거나 가쓰오부시를 뿌려 먹는 것이 일반적인데, 보리새우 말린 것을 얹어 먹어도 좋습니다. 시금치 대신 비타민, 유채나물, 쑥갓, 피망 등으로도 오히타시를 만들 수 있습니다.

방울토마토무침에 대파, 양하 등의 향신채를 넣으면 색다른 반찬이 됩니다. 양하는 일본에서 많이 사용하는 향신채로 생강, 파와 비슷한 향이 나는데 제주도나 남부 지방에서도 양하를 이용한 요리를 종종 합니다. 향이 산뜻해 토마토, 오이와 같은 여름 식재료와 더욱 잘 어울립니다.

재료
시금치 200g, 가쓰오부시국물 1컵, 국간장 1큰술, 보리새우 약간

만드는 법
1. 시금치는 끓는 물에 데쳐 물기를 짜고 5㎝ 길이로 썬다.
2. 가쓰오부시국물에 국간장을 넣고 섞는다.
3. 볼에 데친 시금치와 2의 국물을 넣고 맛이 배도록 냉장고에 1~2시간 넣어둔다.
4. 먹기 직전에 보리새우를 얹는다.

재료
방울토마토 200g, 양하 2개, 대파 ½대
양념 양조간장 1½작은술, 참기름 ½작은술, 설탕 ¼작은술 참깨 약간

만드는 법
1. 분량의 양념 재료를 섞는다.
2. 방울토마토는 반 자르고 양하, 대파는 잘게 다진다.
3. 2의 재료에 무침 양념을 넣어 버무린다.

④ 유도후 정식

湯豆腐定食
유도후 데이쇼쿠

저녁. 167

유도후 湯豆腐 유도후
굴밥 牡蠣の炊き込みごはん 가키노 다키코미고항
톳조림 ひじきの炊いたん 히지키노 다이탄
배추레몬절임 白菜のレモン漬け 하쿠사이노 레몬즈케

'유도후湯豆腐'는 두부를 다시마국물에 넣어 데운 뒤
간장에 찍어 먹는 교토의 대표 음식입니다.
유도후에는 별다른 반찬이 필요 없지만
두부의 맛이 심심하므로 짭조름한 톳조림과
아삭하고 새콤한 배추레몬절임을 곁들였습니다.
신선한 제철 굴을 넣어 지은 밥을 더한다면
밥상이 더욱 특별해지겠죠.
모두 추운 날 저녁으로 먹으면 어울릴 음식들이에요.

교토 가정식

유도후
湯豆腐
유도후

교토는 불교의 영향으로 '정진 요리精進料理(육류나 어패류는 쓰지 않고 채소로만 만든 요리)'가 발달했습니다. 우리나라의 사찰음식과 같은 것이지요. 고기와 생선을 뺀 식단에서는 두부가 중요한 단백질원인데 그래서인지 교토에는 두부 요리 집이 유독 많습니다. 두부 요리 중에서도 유도후는 대표적인 메뉴입니다. 전골냄비 안에 물을 붓고 다시마를 깐 뒤 두부를 올려 데워 먹는데 재미있는 것은 국물이 끓으면 안 된다는 것입니다. 국물이 끓으면 두부가 단단해지거나 깨져서 부드러운 맛을 잃는 데다 다시마에서 진액이 나와 국물도 맛이 좋지 않기 때문입니다. 두부, 물, 다시마, 간장소스가 기본 재료인데 여기에 여러 가지 야쿠미薬味(음식 위에 뿌리거나 없는 향신료 또는 양념)를 곁들이면 더 맛있게 즐길 수 있습니다.

저녁.

재료
두부 600g
다시마 10g
물 5컵

야쿠미
대파(흰 부분) 1대
생강 1톨
참깨 1큰술
시치미 약간

간장소스
가쓰오부시 3g
양조간장 4큰술
물 2큰술
미림 1큰술

1. 냄비에 분량의 소스 재료를 넣고 불을 켠다. 끓기 시작하면 10초쯤 더 끓인 뒤 불을 끄고 체에 밭쳐 거른다.
2. 대파는 다지고 생강은 곱게 갈고 참깨는 식감이 남도록 반쯤 갈아 야쿠미를 준비한다.

3. 전골냄비에 물을 붓고 다시마를 넣어 충분히 우러나도록 30분 정도 담가둔다.
4. 사방 5cm 정도로 두부를 자른 뒤 3의 냄비에 넣고 불을 켠다.
5. 국물이 끓기 직전 불을 끄고 냄비째 식탁에 올린다. 두부를 건진 뒤 간장소스와 야쿠미를 얹어 먹는다.
   TIP. 두부가 따뜻해질 정도로만 데워서 먹는 것이 가장 부드럽고 맛있다. 추운 날에는 가스버너에 올려 데우면서 먹어도 좋다.

굴밥
牡蠣の炊き込みごはん
가키노 다키코미고항

일본에서는 생강을 넣어 굴밥을 짓습니다. 굴을 쌀과 같이 넣고 지으면 탱글탱글한 식감을 잃기 때문에 따로 익힌 뒤 굴 익힌 물을 넣고 밥을 지어요. 굴은 뜸 들일 때 넣어야 탱글탱글하면서도 굴 향이 배어 있는 밥을 완성할 수 있습니다.

재료
물(굴 익힌 물과 합쳐서) 220㎖, 굴 150g, 생강 채 썬 것 10g
쌀 1컵, 청주 ¼컵, 국간장 1큰술, 소금 약간

만드는 법
1. 쌀은 씻어서 체에 밭쳐 물기를 뺀다.
2. 냄비에 물을 붓고 청주, 소금을 넣어 끓으면 굴을 넣고 통통해질 때까지 살짝 익힌 뒤 건진다.
3. 굴을 익히고 남은 물과 물을 합쳐 솥에 붓고 쌀, 생강, 국간장을 넣은 뒤 뚜껑을 닫고 중불로 끓인다.
4. 밥이 끓으면 밑바닥에 붙지 않도록 주걱으로 한번 섞은 뒤 뚜껑을 닫고 약불에서 10분 정도 끓인다.
5. 불을 끄고 밥 위에 굴을 얹은 다음 뚜껑을 닫고 10분간 뜸 들인 뒤 잘 섞는다.

저녁.

톳조림
ひじきの炊いたん
히지키노 다이탄

톳조림도 일본인들이 즐겨 먹는 반찬입니다. 가쓰오부시 국물에 감칠맛 나게 조린 밥도둑이지요. 당근, 유부, 흰 콩, 연근 등 기호에 맞는 채소를 넣고 조리면 됩니다.

재료
유부 40g, 톳(건조) 20g, 당근 ¼개, 식용유 적당량
양념 가쓰오부시국물 ¾컵, 양조간장 1½큰술, 미림 1큰술 설탕 2작은술, 청주 1작은술

만드는 법
1. 톳은 물에 담가 30분 정도 불린 뒤 물기를 뺀다.
2. 유부는 길이대로 채 썰고 당근은 4㎝ 길이로 채 썬다.
3. 냄비에 기름을 두르고 톳과 당근을 가볍게 볶는다.
4. 3에 유부와 양념 재료를 넣고 국물이 거의 남지 않을 때까지 조린다.

배추레몬절임
白菜のレモン漬け
하쿠사이노 레몬즈케

쓰케모노 같기도 하고 샐러드 같기도 해서 계속 먹게 되는 맛있는 배추절임이에요. 소금이나 다시마만 넣어 절이는 일반적인 배추 아사즈케浅漬け(즉석 절임)에 레몬을 넣어 상큼함을 더했습니다. 무농약 레몬이 아니라면 레몬 과육 대신 즙의 양을 조금 늘려서 넣어주세요.

재료
배추 200g, 소금 6g, 레몬 슬라이스 2조각, 레몬즙 2작은술

만드는 법
1. 배추는 씻어 물기를 빼고 2㎝ 길이로 썰고 레몬은 4등분한다.
2. 지퍼백에 배추, 레몬, 소금, 레몬즙을 넣고 주물러 섞는다.
3. 냉장고에 넣고 맛이 잘 섞이도록 가끔씩 주무르며 2~3시간 정도 둔다.
4. 먹기 전 꺼내 물기를 짠 다음 그릇에 담는다.

고등어된장조림 정식

さばの味噌煮定食
사바노 미소니 데이쇼쿠

저녁.

고등어된장조림 さばの味噌煮 사바노 미소니
문어올리브솥밥 タコとオリーブの炊き込みごはん 다코토 오리부노 다키코미고항
버섯국 きのこのお吸い物 기노코노 오스이모노
콜리플라워김볶음 カリフラワーののり炒め 가리후라와노 노리이타메
숙주초무침 もやしの酢の物 모야시노 스노모노

고등어된장조림과 버섯 향이 좋은 시원한 맑은국,
채소 반찬으로 영양 가득한 한 끼 밥상을 구성했습니다.
고등어된장조림은 우리나라 사람 입맛에도 잘 맞아요.

교토 가정식

고등어된장조림

さばの味噌煮

사바노 미소니

일본인들도 고등어를 자주 먹습니다. 조림 외에도 소금을 뿌려 구운 뒤 레몬이나 무 간 것을 곁들여 먹거나 식초에 절여 먹기도 하죠. 일본에서는 마늘 대신 생강으로 고등어의 비린내를 잡습니다. 조리기 전에 고등어를 뜨거운 물에 담가 불순물을 제거해야 비린내가 나지 않지요. 미소된장과 간장을 함께 넣으면 텁텁하지 않고 깔끔한 맛을 낼 수 있습니다.

저녁.

재료
고등어(몸통) 2조각(200g)
생강 저민 것 15g
물 ½컵
미소된장·양조간장·청주
2큰술씩
설탕 1큰술
생강 채 썬 것 약간

1. 고등어는 씻어 물기를 제거하고 양념이 잘 배도록 껍질에 칼집을 낸다.
2. 냄비에 물을 끓인 후 불을 끄고 고등어를 넣는다.
3. 1분 정도 그대로 두어 고등어 표면이 하얗게 변하면 건져서 찬물에 담가 불순물을 살살 닦아낸다.

4. 냄비에 물, 미소된장, 양조간장, 청주, 설탕, 생강을 넣고 끓인다.
5. 4가 끓으면 고등어를 넣고 숟가락으로 양념을 끼얹어가며 국물이 걸쭉해질 때까지 조린다. 먹을 때 생강채를 곁들인다.

교토 가정식

저녁.

문어올리브솥밥
タコとオリーブの炊き込みごはん
다코토 오리부노 다키코미고항

다코메시タコ飯라고 부르는 문어솥밥에 올리브를 넣어 향긋함을 더했습니다. 올리브는 처음부터 넣으면 수분이 빠져 향과 식감이 안 좋아지므로 뜸을 들일 때 넣는 것이 좋습니다.

재료(4인분)
쌀·물 2컵씩, 문어 데친 것 200g, 그린 올리브(씨 뺀 것) 15개 양파 ½개, 청주 1큰술, 소금 ½작은술, 마늘 다진 것 ¼작은술 올리브유 적당량

만드는 법
1. 쌀은 씻어 불린 뒤 솥에 넣고 물, 청주, 소금을 넣어 가볍게 섞는다.
2. 문어는 1cm 두께로 썰어 1 위에 얹고 뚜껑을 닫는다. 센불로 10분, 약불로 10분 끓인 뒤 불을 끈다.
3. 올리브는 가로로 반 자르고 양파는 다진다.
4. 팬에 올리브유를 두르고 마늘, 양파를 넣어 양파가 투명해질 때까지 볶는다.
5. 밥 위에 올리브와 4를 올리고 뚜껑을 닫는다. 10분간 뜸 들인 뒤 섞는다.

버섯국
きのこのお吸い物
기노코노 오스이모노

자주 가던 교토의 소바집에서는 가을이 되면 계절 한정 메뉴로 송이버섯소바를 팔았습니다. 가쓰오부시국물과 송이버섯의 향이 어우러진 국물에 '스다치すだち'라고 부르는 영귤의 과즙을 조금 짜서 먹으면 향과 맛이 아주 좋은데, 저는 버섯국을 먹을 때면 그 소바집의 송이버섯소바가 자꾸 생각이 나요. 송이버섯이 아니더라도 표고버섯이나 팽이버섯과 같이 구하기 쉬운 버섯으로도 충분히 향기로운 국을 만들 수 있어요. 위에 참나물을 뿌리면 한층 더 향이 좋아집니다.

재료
표고버섯·팽이버섯 20g씩, 가쓰오부시국물 1½컵, 국간장 2작은술, 참나물 약간

만드는 법
1. 표고버섯은 슬라이스하고 팽이버섯은 3㎝ 길이로 썰고 참나물은 2㎝ 길이로 썬다.
2. 냄비에 가쓰오부시국물을 붓고 끓인다.
3. 국물이 끓으면 버섯을 넣고 1~2분 정도 끓인다.
4. 버섯이 익으면 국간장으로 간하고 참나물을 넣고 불을 끈다.

교토 가정식

저녁.

콜리플라워김볶음
カリフラワーののり炒め
가리후라와노 노리이타메

볶음 요리에 김을 넣으면 다른 양념과 어우러져 감칠맛을 냅니다. 콜리플라워와 김은 의외로 궁합이 잘 어울립니다. 콜리플라워 대신 브로콜리를 사용해도 맛있어요.

재료
콜리플라워 150g, 김(김밥용 또는 돌김) 1장, 물 2큰술, 양조간장 1½작은술, 식용유 적당량

만드는 법
1. 콜리플라워는 먹기 좋게 한 입 크기로 썬다.
2. 팬을 달군 뒤 기름을 두르고 콜리플라워를 센 불에 볶는다.
3. 콜리플라워가 노릇하게 볶아지면 물을 넣어 물이 증발할 때까지 볶는다.
    TIP. 센 불에서 단시간에 볶으면 콜리플라워가 덜 익을 수 있는데 물을 조금 넣어 볶아주면 알맞게 익는다.
4. 불을 끄고 양조간장과 김을 찢어 넣어 섞는다.

숙주초무침
もやしの酢の物
모야시노 스노모노

일본에서는 콩나물보다 숙주를 더 자주 먹습니다. 아삭하고 새콤한 초무침으로 만들면 입맛을 돋워주므로 김치 대신 밥상에 올리기 좋아요. 10분쯤 두었다 맛이 밴 후 먹으면 더 맛있습니다.

재료
숙주 200g, 유부·당근 30g씩
양념 식초·국간장 1큰술씩, 설탕 ½큰술

만드는 법
1. 숙주는 끓는 물에 살짝 데쳐 물기를 뺀다.
2. 유부는 끓는 물에 데쳐 물기를 제거한 뒤 채 썰고 당근은 5cm 길이로 잘라 채 썬다.
3. 분량의 양념 재료를 섞는다.
4. 숙주, 유부, 당근에 무침 양념을 넣어 버무린다.

⬡ ⑥

함바그
정식

ハンバーグ定食
함바그 데이쇼쿠

저녁.

함바그 ハンバーグ 함바그
쌀밥 白ごはん 시로고항
배추된장국 白菜の味噌汁 하쿠사이노 미소시루
콩채소조림 五目豆 고모쿠 마메
오이멸치무침 きゅうりの煮干しあえ 규리노 니보시 아에

함바그는 일본 가정 요리의 단골 메뉴입니다.
함바그에 무, 유자폰즈소스를 더해 일본식으로 맛을 내면
와후 함바그가 완성됩니다.
함바그에 샐러드를 곁들일 수도 있지만 짭조름한 콩채소조림,
오이멸치무침, 배추된장국을 더해 맥주와 함께하기 좋은
저녁 정식으로 구성했습니다.

교토 가정식

함바그
<mark>ハンバーグ</mark>
함바그

무, 유자폰즈소스를 함바그에 곁들이면 느끼함 없이 먹을 수 있어요. 유자폰즈소스는 시판 제품을 사용해도 좋지만 유자나 유자 원액만 있다면 집에서도 쉽게 만들 수 있습니다. 하루 이상 숙성시켜야 하므로 미리 만들어두세요. 가능하면 한 달 정도 숙성시키는 게 좋아요.

저녁.

재료
무 200g
쇠고기(우둔살) 다진 것 150g
돼지고기(뒷다리살) 다진 것 100g
양파·달걀 ½개씩
빵가루·우유 4큰술씩
소금 ½작은술
무순·식용유 적당량씩
후춧가루 약간

유자폰즈소스
양조간장·유자 원액 1컵씩
미림(끓여서 식힌 것) ½컵
가쓰오부시·다시마 10g씩

1. 소스 재료는 모두 섞어 냉장고에 넣고 하룻밤 이상 숙성시킨 뒤 체에 걸러 밀폐용기에 보관한다.
   TIP. 미림은 끓여서 알코올 성분을 날린 후 식혀서 사용한다. 완성된 유자폰즈소스는 냉장고에 두면 6개월 정도 보관 가능하다.
2. 무는 강판에 간다. 물기가 많으면 체에 잠시 받쳐 물기를 뺀다.
   TIP. 물기를 적당히 빼고 사용해야 함바그가 질척해지지 않는다.
3. 양파는 다진 뒤 기름을 두른 달군 팬에 노릇하게 볶는다.
4. 볼에 쇠고기, 돼지고기, 볶은 양파, 달걀, 빵가루, 우유, 소금, 후춧가루를 넣고 찰기가 생길 때까지 치대면서 잘 섞는다.
5. 4를 2등분해 손바닥에 얹고 둥글게 빚은 뒤 양 손바닥에 번갈아 왔다 갔다 하면서 공기를 빼고 둥글넓적하게 만든다.
   TIP. 구웠을 때 부풀지 않도록 가운데 부분은 살짝 눌러놓는다.
6. 팬을 달군 뒤 기름을 약간 두르고 함바그를 올린 다음 눌은 자국이 생길 정도로 굽는다.
7. 뒤집어서 뚜껑을 닫고 약불로 약 10분 정도 익을 때까지 굽는다. 함바그 위에 무 간 것을 얹고 유자폰즈소스를 뿌린 뒤 무순을 올린다.

쌀밥
白ごはん
시로고항

p. 39의 재료와 만드는 법을 참고하세요.

배추된장국
白菜の味噌汁
하쿠사이노 미소시루

부재료 없이 배추만으로 후루룩 끓여낸 국입니다. 배추의 단맛이 잘 느껴지는 메뉴로 시치미를 뿌려 매콤한 맛을 더해주어도 좋아요.

재료
배추 80g, 가쓰오부시국물 1½컵, 미소된장 1⅓큰술, 시치미 약간

만드는 법
1. 배추는 씻어서 물기를 털고 먹기 좋게 3㎝ 너비로 썬다.
2. 냄비에 가쓰오부시국물을 붓고 끓이다가 국물이 끓으면 배추를 넣는다.
3. 배추가 익으면 미소된장을 풀고 국이 끓기 직전에 불을 끈다.
4. 기호에 따라 시치미를 뿌린다.

저녁.

콩채소조림

五目豆
고모쿠 마메

다섯 가지 재료를 넣기에 고모쿠 마메(오목콩)라고 부릅니다. 만들자마자 먹는 것보다 하루 정도 두었다가 맛이 밴 후 먹는 것이 더 맛있어요.

재료
흰콩·곤약 50g씩, 연근 40g, 당근 30g, 표고버섯 말린 것 5g, 가쓰오부시국물 1½컵, 국간장 2큰술, 미림 1큰술, 설탕 ½큰술

만드는 법
1. 흰콩은 하룻밤 불린 뒤 30분 정도 삶아 물기를 뺀다.
2. 표고버섯은 미지근한 물에 넣고 30분 이상 불린다.
3. 곤약, 연근, 당근, 표고버섯은 흰콩과 비슷한 크기로 썬다.
4. 냄비에 손질한 재료와 가쓰오부시국물, 국간장, 미림, 설탕을 넣고 국물이 자작해질 때까지 조린다.

오이멸치무침

きゅうりの煮干しあえ
규리노 니보시 아에

일본에서는 된장이나 간장으로 오이무침을 만드는데 멸치를 갈아서 양념에 넣으면 감칠맛이 더해집니다.

재료
오이 1개, 소금 1큰술
양념 멸치(국물용) 20마리, 식초·양조간장·물 2작은술씩 설탕·참깨 간 것 1작은술씩

만드는 법
1. 오이는 길이로 반 갈라 삼각형 모양으로 썬 뒤 소금을 뿌려 10분 정도 절인다.
   TIP. 소금에 절여야 무친 뒤 시간이 지나도 물기가 생기지 않는다.
2. 오이가 절여지면 물에 살짝 헹군 뒤 물기를 뺀다.
3. 멸치는 머리와 내장을 떼고 기름을 두르지 않은 팬에 볶아 비린내를 제거한다.
4. 블렌더에 볶은 멸치를 넣고 너무 곱지 않게 간 뒤 양념 재료를 넣고 한번 더 간다.
5. 오이에 양념을 넣고 잘 버무린다.

0
다섯 번째

특별한 날.

特別な日のごはん 도쿠베쓰나 히노 고항

예전에 교토에서는 손님이 오거나 기념일과 같은 특별한 날이면 음식을 만들지 않고 시다시야仕出し屋라고 부르는 요리 전문점에 음식을 주문했습니다. 집에서 먹는 음식을 남에게 대접하는 것이 실례라고 생각했고, 부담스럽기도 했기 때문이죠. 그래서 손님이 올 때 음식을 시키는 곳, 명절에 친척들에게 대접할 음식을 시키는 곳, 벚꽃놀이 도시락을 주문하는 곳, 기념일에 음식을 시키는 곳 등 몇 군데의 시다시야를 정해놓고 이용하는 문화가 일반적입니다. 그러나 최근에는 교토의 가정에서도 직접 만든 음식으로 누군가를 대접하거나 특별한 날을 기념하는 일이 많아졌습니다. '오모테나시 요리おもてなし料理'라고 부르는 손님 초대 요리 레시피는 주부들에게 인기가 많지요.

친구가 놀러 왔을 때, 경사스러운 날 오랜만에 가족이 모일 때처럼 여럿이 함께 먹기 좋은 음식을 소개합니다. 메인 요리와 밥과 국, 간단한 후식을 세트로 구성한 메뉴로 시다시야의 고급 음식은 아니지만 평소보다 조금 특별한 날 대접하기에 부족함이 없습니다.

① 채소튀김 정식

野菜の天ぷら定食
야사이노 덴푸라 데이쇼쿠

채소튀김 野菜の天ぷら 야사이노 덴푸라

팥밥 小豆ごはん 아즈키고항

떡된장국 お雑煮 오조니

가자미청주찜 カレイの酒蒸し 가레이노 사카무시

문어초무침 タコの酢の物 다코노 스노모노

녹차젤리 抹茶ゼリー 맛차제리

일본에서는 특별한 날 튀김 요리를 자주 먹습니다.
주로 부재료 역할을 하는 채소도 튀기면 특별해지지요.
푸짐한 채소튀김에 담백한 생선찜을 더해 단백질을 보충하면 영양 만점 저녁상이 완성됩니다.
여기에 새콤한 초무침, 달달하면서 담백한 떡된장국, 쌉쌀한 맛의 녹차젤리를 곁들이면 튀김의 느끼함을 잡을 수 있습니다.

교토 가정식

재료
밀가루 100g
브로콜리 50g
연근 30g
표고버섯·꽈리고추 2개씩
가지·양파 ½개씩
셀러리(잎 부분) 2대 분량
물 ⅔컵
식용유 적당량

덴쓰유
가쓰오부시국물 ½컵
국간장 1큰술
미림·양조간장 ½큰술씩
설탕 1작은술

산초소금
고운 소금 10g
산초가루 1g

1. 냄비에 덴쓰유 재료를 넣고 끓인 뒤 한 김 식혀 그릇에 담는다.
2. 고운 소금과 산초가루를 섞어 산초소금을 만든다.
3. 가지는 세로로 반 갈라 끝부분만 남기고 길게 칼집을 낸다. 브로콜리는 먹기 좋은 크기로 자르고 표고버섯은 밑동을 자른다.

4. 양파는 꼭지 부분을 자르지 않고 세로로 2등분해 튀김 반죽이 잘 묻고 안까지 잘 익도록 벌려둔다. 연근은 7㎜ 두께로 슬라이스하고 꽈리고추와 셀러리는 씻어 물기를 제거한다.
   TIP. 양파는 꼭지 부분을 자르지 않아야 분리되지 않게 튀길 수 있다.
5. 밀가루와 물을 섞어 튀김 반죽을 만든다.
   TIP. 밀가루와 물은 사용 직전까지 냉장고에 넣어 차갑게 해두고, 섞을 때는 거품기 말고 젓가락을 사용해 가볍게 최소한으로만 섞어야 글루텐이 생기지 않아 바삭하게 튀길 수 있다.
6. 준비한 재료에 튀김 반죽을 고루 얇게 묻힌다.

7. 기름을 170℃로 데운 뒤 6을 넣고 노릇하게 튀긴다.
8. 키친타월을 깐 채반에 올려 기름을 뺀 뒤 그릇에 담는다.

특별한 날.   193

채소튀김

野菜の天ぷら
야사이노 덴푸라

튀김 요리를 덴푸라라고 부릅니다. 일본에서는 육류보다 채소나 해산물로 튀김 요리를 합니다. 덴쓰유天つゆ라고 부르는 소스와 산초소금, 녹차소금을 곁들이면 조금 더 색다르게 튀김을 즐길 수 있지요. 밥 위에 얹어 쓰유를 뿌려내면 튀김덮밥 天丼(덴동)이 됩니다.

팥밥
小豆ごはん
아즈키고항

일본에서는 세키항赤飯(붉은 밥)이라고 부르는 팥찰밥을 경사스러운 날이나 특별한 날 만들어 먹는데 찹쌀 대신 쌀을 사용하면 무겁지 않아 다른 음식과 함께 먹기 좋아요. 밥을 지을 때 팥 삶은 물을 사용하면 색이 예쁩니다.

재료
팥 25g, 팥 삶은 물 1¼컵, 쌀 1컵

만드는 법
1. 냄비에 물 적당량과 팥을 넣고 끓이다가 물이 끓으면 15분쯤 더 끓인 뒤 물을 버린다.
    TIP. 팥의 떫은맛과 독소를 제거하기 위해 처음 삶은 물은 버린다.
2. 냄비에 새 물을 받아 1시간 30분 정도 더 팥을 삶은 뒤 팥은 건져내고 삶은 물은 남겨둔다.
3. 쌀을 씻어 솥에 담고 분량의 팥 삶은 물을 부어 30분쯤 불린 뒤 팥을 넣어 가볍게 섞고 불을 켠다.
4. 센 불에서 10분, 약불에서 10분 끓인 뒤 10분간 뜸을 들이고 고루 섞는다.

떡된장국
お雑煮
오조니

달콤한 백미소된장국에 떡을 넣은 요리입니다. 일본도 설날에는 떡국을 먹는데 지역에 따라 그 형태나 맛이 아주 다양해요. 맑은국에 끓이기도 하고, 콩가루나 팥을 넣기도 합니다. 교토 스타일은 백미소된장을 넣은 것으로 떡과 당근 외에 무와 토란도 들어갑니다. 떡은 국 요리와 잘 어울려서 평상시 먹는 국의 재료나 전골 재료로도 많이 쓰입니다. 일본 떡인 기리모치切り餅(자른 찰떡)를 사용하면 간편합니다. 건조 떡인 기리모치는 튀긴 뒤 무 간 것과 쓰유를 얹어 먹어도 좋고, 구운 뒤 버터를 발라 김에 싸먹어도 맛있습니다.

재료
기리모치 2개, 당근 25g, 가쓰오부시국물 1½컵, 백미소된장 4큰술, 가쓰오부시 약간

만드는 법
1. 당근은 0.8㎝ 두께로 썰어 끓는 물에 15분 정도 데친다.
2. 기리모치는 끓는 물에 5분 익힌 뒤 불을 끄고 5분 더 그대로 두어 부드럽게 만든다.
3. 냄비에 가쓰오부시국물을 부어 끓인 뒤 백미소된장을 풀고 국이 끓기 전에 불을 끈다.
    TIP. 백미소된장이 없으면 일반 미소된장을 1½큰술 넣는다.
4. 국그릇에 당근과 기리모치를 담고 3의 국물을 부은 뒤 가쓰오부시를 뿌린다.

특별한 날. 195

교토 가정식

특별한 날.

가자미청주찜
カレイの酒蒸し
가레이노 사카무시

다시마 위에 가자미를 얹고 청주를 뿌려 찐 요리로 재료도 만드는 법도 간단하지만 다시마와 청주가 가자미의 맛을 끌어올려주어 담백하면서도 감칠맛이 있습니다. 가자미 대신 대구나 도미를 사용하기도 하고 먹기 전에 간장이나 유자폰즈소스를 뿌려 먹어도 좋습니다.

재료
가자미 2마리(250g), 다시마(생선과 비슷한 크기) 15g, 생강 10g
대파(흰 부분) ½대, 청주 2작은술, 소금 1작은술

만드는 법
1. 대파는 5㎝ 길이로 잘라 가늘게 채 썰어 찬물에 5분쯤 담가두었다가 물기를 제거한다.
2. 가자미는 가볍게 씻어 물기를 제거하고 소금을 뿌려 10분 정도 둔 뒤 키친타월로 살짝 눌러 물기를 닦는다.
3. 접시 위에 다시마를 깔고 가자미를 올린다.
4. 가자미 위에 생강을 얇게 저며 얹고 청주를 뿌린 뒤 김이 오른 찜기에 넣고 10분 정도 찐다.
5. 가자미가 익으면 찜기에서 꺼내 대파채를 올린다.

문어초무침
タコの酢の物
다코노 스노모노

다코야키부터 초밥, 튀김, 조림, 영양밥 등 일본에서는 문어를 다양한 요리에 사용해요. 문어를 넣은 스노모노酢の物(초무침 요리)도 대표적인 문어 요리라 할 수 있습니다. 데친 문어와 오이, 미역을 새콤달콤한 식초간장에 무친 것으로 맛이 상큼해 입맛을 돋워줍니다. 미역 없이 문어와 오이만 무치기도 하고, 채 썬 생강을 넣어 향을 돋우기도 합니다. 신맛이 부담스러울 때는 가쓰오부시국물을 넣으면 부드럽게 먹을 수 있어요.

재료
문어 데친 것 80g, 미역(건조) 3g, 오이 ½개, 식초 1½큰술
국간장·설탕 1큰술씩, 소금 ½작은술

만드는 법
1. 미역은 물에 20분 정도 불린 뒤 먹기 좋은 크기로 썬다.
2. 오이는 0.2㎝ 두께로 슬라이스하여 소금을 뿌려 5분 두었다 물기를 짠다.
3. 문어는 0.8㎝ 두께로 슬라이스한다.
4. 식초, 국간장, 설탕을 잘 섞어 준비한 재료와 무친다.

특별한 날.

녹차젤리
抹茶ゼリー
맛차제리

흑설탕 시럽과 콩고물을 뿌린 녹차젤리입니다. 교토의 디저트 가게에서 볼 수 있는 녹차젤리는 분말 한천이 있으면 집에서도 쉽게 만들 수 있어요. 녹차의 쌉쌀한 맛이 식후 디저트로 잘 어울립니다.

재료
물 1¼컵, 분말 한천 4g, 설탕·뜨거운 물 2큰술씩, 가루녹차 2작은술, 콩고물 적당량
흑설탕 시럽 물 ¼컵, 흑설탕·백설탕 1큰술씩

만드는 법
1. 냄비에 물과 분말 한천을 넣고 불을 켠다.
2. 중불에서 주걱으로 저어가며 끓이다가 물이 끓으면 약불로 줄여 한천이 완전히 녹을 때까지 2분 정도 더 끓인다.
3. 2에 설탕을 넣고 녹을 때까지 끓이다가 불을 끈다.
4. 뜨거운 물에 가루녹차를 개어 3의 냄비에 넣고 잘 젓는다.
5. 볼에 차가운 물을 받고 냄비 밑부분을 담근 뒤 주걱으로 저으면서 식힌다.
6. 젤리가 식으며 살짝 걸쭉해지기 시작할 때 컵에 따라 냉장고에 넣고 1~2시간 굳힌다.
    TIP. 젤리가 걸쭉해지며 굳기 시작할 때 담아야 녹차가루가 가라앉지 않는다.
7. 다른 냄비에 흑설탕 시럽 재료를 넣고 중불에서 주걱으로 저으며 설탕을 녹인다.
    TIP. 설탕은 흑설탕만 넣으면 너무 색이 진해지므로 백설탕을 함께 섞어서 만든다.
8. 시럽이 끓으면 약불로 줄여 2~3분 더 끓인 뒤 불을 끈다.
    TIP. 조금 묽은 듯해도 식으면 더 걸쭉해지므로 너무 오래 끓이지 않도록 한다.
9. 녹차젤리가 굳으면 흑설탕 시럽과 콩고물을 얹어 낸다.

② 연어버섯솥밥
정식

鮭ときのこの炊き込みごはん定食
사케토 기노코노 다키코미고항 데이쇼쿠

연어버섯솥밥 鮭ときのこの炊き込みごはん 사케토 기노코노 다키코미고항
매실참나물국 梅干しのお吸い物 우메보시노 오스이모노
두부볶음 炒り豆腐 이리도후
셀러리절임 セロリの南蛮漬け 세로리노 난방즈케
시나몬오렌지 シナモンオレンジ 시나몬 오렌지

가을이 되면 일본의 슈퍼마켓에서는
제철을 맞은 연어와 버섯을 함께 팔곤 합니다.
연어는 일본에서 사계절 내내 먹는
생선이지만 특히 가을이 되면
'아키사케秋鮭'라고 부르는 가을 연어가 유독
인기입니다.
아키사케는 가을에 일본에서 태어나 수년간
북쪽 바다에서 자라다가 산란기인 가을에
다시 일본으로 거슬러 올라오는 도중에 잡힌
연어를 말합니다.
기름진 데다 알을 품고 있어 맛이 좋지요.
아키사케와 제철 버섯을 구입했다면
솥밥으로, 전골로, 구이로… 무궁무진한
요리가 가능합니다.
연어버섯솥밥을 만들었다면 약간의
쓰케모노와 가벼운 국을 준비해주세요.
이 정도만 있어도 특별한 상차림으로
충분합니다.

교토 가정식

재료(4인분)
연어 2조각(180g)
버섯 100g
쌀·물 2컵씩
청주 3큰술
양조간장 2큰술

1. 쌀은 씻은 뒤 체에 밭쳐 물기를 뺀다.
2. 연어에 청주 2큰술을 붓고 5분 정도 두어 비린내를 제거한다.

3. 솥에 쌀을 담고 물, 양조간장, 청주 1큰술을 넣어 가볍게 섞는다.
4. 버섯, 연어를 순서대로 올린 뒤 뚜껑을 닫고 센 불로 10분, 약불로 10분 끓인 뒤 10분간 뜸을 들여 밥을 짓는다.

5. 뚜껑을 열고 연어 껍질을 제거하고 주걱으로 밥을 섞는다.
   TIP. 밥을 짓기 전에 연어 껍질을 제거하려면 칼을 사용해야 하지만, 익힌 뒤 제거하면 젓가락으로 쉽게 벗길 수 있다.

특별한 날. 203

연어버섯솥밥
鮭ときのこの炊き込みごはん
사케토 기노코노 다키코미고항

누구든지 실패 없이 맛있게 만들 수 있는 메뉴입니다. 밥 전용 솥을 쓰면 좋지만 전기밥솥으로 지어도 무방합니다. 버섯은 다양한 종류를 넣으면 좋은데 일본에서는 느타리버섯이나 백만송이버섯이 인기입니다.

204　교토 가정식

특별한 날. 205

매실참나물국
梅干しのお吸い物
우메보시노 오스이모노

메인 요리가 무거울 때나 생선 요리를 먹을 때 이 국을 추천합니다. 뜨거운 가쓰오부시국물과 매실절임의 신맛이 속을 개운하게 해줍니다. 매실절임을 젓가락으로 으깨가면서 국물과 함께 먹으면 됩니다. 특히 술 마신 다음 날 제격이지요.

재료
매실절임 2개, 가쓰오부시국물 1½컵, 국간장 1작은술
참나물·참깨 약간씩

만드는 법
1. 참나물은 씻은 뒤 물기를 빼고 1㎝ 길이로 자른다.
2. 냄비에 가쓰오부시국물을 붓고 끓이다가 국물이 끓으면 국간장을 넣는다.
3. 국그릇에 2의 국물을 붓고 매실절임을 넣은 뒤 참나물, 참깨를 약간 뿌린다.

두부볶음
炒り豆腐
이리도후

두부를 주로 구워 먹는 우리에게는 조금 낯선 메뉴입니다. 물기 뺀 두부를 으깨면서 볶은 뒤 채소, 달걀을 넣은 요리로 소박하지만 영양이 가득하지요. 잘게 으깨 소보로로 만든 다음 덮밥처럼 밥 위에 얹어 먹어도 좋습니다.

재료
두부 300g, 당근 30g, 달걀 1개, 가쓰오부시국물 3큰술
국간장 1½큰술, 미림 2작은술, 식용유 적당량

만드는 법
1. 두부는 키친타월로 감싼 뒤 무거운 것을 20분쯤 올려두어 물기를 뺀다.
2. 당근은 가늘게 채 썬다.
3. 팬을 달군 뒤 기름을 두르고 당근을 볶다가 어느 정도 볶아지면 물기 뺀 두부를 넣고 나무 주걱으로 으깨가면서 볶는다.
4. 가쓰오부시국물, 국간장, 미림을 넣어 볶다가 달걀을 풀어 넣고 함께 볶는다.

셀러리절임
セロリの南蛮漬け
세로리노 난방즈케

간장, 참기름을 넣은 셀러리절임은 피클과는 다른 맛이 납니다. 생선 요리나 고기 요리에 곁들이면 입맛을 산뜻하게 만들어주지요. 밀폐용기에 담아 냉장고에 보관하면 2~3일 정도 먹을 수 있습니다.

재료
셀러리 100g, 홍고추 말린 것 ¼개
양념 양조간장·물 1 ½큰술씩, 식초 1큰술, 설탕 2작은술 참기름 ½작은술

만드는 법
1. 셀러리는 질긴 섬유질을 벗기고 1㎝ 너비로 어슷하게 썬다.
2. 홍고추는 가위로 가늘게 자른다.
3. 지퍼백에 셀러리, 홍고추, 분량의 양념 재료를 넣고 섞는다.
4. 지퍼백의 공기를 뺀 뒤 냉장고에 넣고 2~3시간 절인다.

TIP. 절임 음식을 만들 때 지퍼백에 양념과 재료를 넣고 공기를 뺀 후 지퍼를 닫으면 양념이 식재료의 모든 부분에 닿아 적은 양념으로도 골고루 절일 수 있다.

시나몬오렌지
シナモンオレンジ
시나몬 오렌지

과일은 어떻게 깎고 담느냐에 따라 느낌이 완전히 달라지지요. 그냥 먹어도 좋지만 시나몬 파우더, 슈거파우더, 시럽 등을 더하면 장식 효과는 물론 달콤한 맛도 배가됩니다. 새콤달콤한 오렌지는 시나몬 파우더의 은은한 향과 잘 어울려요.

재료
오렌지 1개, 시나몬 파우더 약간

만드는 법
1. 오렌지는 껍질을 벗기고 길이로 반 가른 뒤 웨지 모양으로 3등분한다.
2. 오렌지를 그릇에 담고 시나몬 파우더를 뿌린다.

③ 어묵전골 정식

おでん定食
오뎅 데이쇼쿠

) **어묵전골** おでん 오뎅
쑥갓멸치밥
春菊とじゃこの混ぜごはん 슌기쿠토 자코노 마제고항
닭안심미나리무침
ささみと芹のワサビあえ 사사미토 세리노 와사비 아에
양배추절임 キャベツの浅漬け 갸베쓰노 아사즈케
배 梨 나시

겨울이 되면 일본 가정 밥상에 꼭 오르는
어묵전골입니다.
어묵전골은 누구나 좋아하는 맛이라서
편한 친구가 놀러 왔을 때 대접하기도 좋은
음식이지요.
어묵전골을 질리지 않고 먹을 수 있도록
향긋한 밥과 반찬을 곁들였습니다.
반주로 따끈하게 데운 청주를 한잔해도 좋을
것 같아요.

교토 가정식

재료(4인분)
가쓰오부시국물 5컵
어묵(모양과 맛이 다른 것 2~3종류) 300g
무 200g
곤약 100g
감자·달걀 2개씩
국간장 4큰술
청주 3큰술
소금 ½작은술
쌀뜨물·연겨자 적당량씩

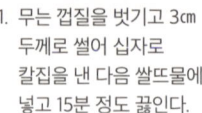

1. 무는 껍질을 벗기고 3㎝ 두께로 썰어 십자로 칼집을 낸 다음 쌀뜨물에 넣고 15분 정도 끓인다.
2. 곤약은 삼각형 모양으로 썰어 잘게 칼집을 낸 뒤 끓는 물에 데친다.
3. 감자, 달걀은 삶아서 껍질을 벗긴다.

4. 어묵은 먹기 좋은 크기로 썬다.
5. 가쓰오부시국물에 국간장, 청주, 소금을 넣어 섞은 뒤 냄비에 붓는다.
6. 냄비에 어묵과 연겨자를 제외한 모든 재료를 넣고 20~30분 정도 약불로 끓인다.
7. 어묵을 넣고 어묵이 익을 때까지 5분 정도 끓인다. 연겨자를 곁들인다.

특별한 날.

어묵전골

おでん
오뎅

오뎅은 어묵을 포함한 여러 가지 재료를 넣고 끓인 요리를 말해요. 오뎅에 들어가는 기본 재료로는 어묵, 무, 달걀, 곤약 등이 있는데 지역에 따라 넣는 재료가 조금씩 다릅니다. 국물 맛도 지역에 따라 다른데 교토는 가쓰오부시국물에 간을 연하게 해서 색도 맛도 진하지 않습니다. 그에 비해 도쿄와 같은 관동 지방에서는 가쓰오부시국물에 양조간장, 미림, 설탕 등으로 간을 해 색과 맛 모두 진한 것이 특징이지요. 재미있는 것은 일본에서는 국물을 잘 마시지 않고 건더기를 먹는다는 거예요. 건더기 중에서도 무, 달걀, 곤약과 같은 재료는 푹 끓여 맛이 충분히 배게 합니다. 반면 어묵은 오래 끓이면 국물이 달아지기 때문에 먹기 전에 넣어서 끓이는 것이 좋습니다.

교토 가정식

특별한 날.

쑥갓멸치밥
春菊とじゃこの混ぜごはん
슌기쿠토 자코노 마제고항

볶은 멸치를 쑥갓, 깨와 함께 밥에 섞었습니다. 간단하지만 맛있고 영양가 있는 밥이에요. 도시락에 넣거나 주먹밥으로 만들어도 좋습니다.

재료
쌀밥 2공기, 쑥갓 40g, 잔멸치 10g, 참깨 1작은술, 청주 ½작은술, 식용유 적당량

만드는 법
1. 쑥갓은 씻어 물기를 거둔 뒤 1cm 길이로 썬다.
2. 팬을 달군 뒤 기름을 약간 두르고 잔멸치, 청주를 넣어 볶는다.
3. 멸치가 노릇하게 볶아지면 불을 끄고 쑥갓, 참깨를 넣어 잔열로 볶는다.
4. 밥에 3을 섞는다.

닭안심미나리무침
ささみと芹のワサビあえ
사사미토 세리노 와사비 아에

닭고기와 미나리를 와사비로 향긋하고 매콤하게 무쳤습니다. 오뎅은 먹다 보면 다 같은 맛으로 느껴져서 질릴 때가 있는데, 이때 향긋하고 톡 쏘는 맛의 반찬을 곁들이면 좋아요. 미나리는 살짝 데쳐야 질기지 않고 향이 좋습니다.

재료
닭고기(안심)·미나리 100g씩, 가쓰오부시국물 1큰술 양조간장·미림·청주 1작은술씩, 와사비 ½작은술, 소금 ¼작은술, 물 적당량

만드는 법
1. 냄비에 닭고기를 넣고 물을 자작하게 부은 뒤 소금, 청주를 넣고 10분 정도 끓인다.
2. 닭고기가 익으면 건져 손으로 먹기 좋게 뜯는다.
3. 미나리는 끓는 물에 살짝 담그는 정도로만 데친 뒤 찬물에 헹궈 물기를 제거하고 5cm 길이로 썬다.
4. 가쓰오부시국물, 양조간장, 미림, 와사비를 잘 섞은 뒤 닭고기, 미나리를 넣고 무친다.

양배추절임
キャベツの浅漬け
갸베쓰노 아사즈케

양배추가 많을 때 만들면 좋은 메뉴예요. 절이는 시간이 길지 않아 바로 준비해 먹을 수 있는 즉석 절임이지요. 소금의 양을 줄이면 샐러드처럼 먹을 수 있습니다.

재료
양배추 80g, 당근 20g, 소금 2g

만드는 법
1. 양배추는 굵게 채 썬 뒤 씻어서 물기를 뺀다.
2. 당근은 가늘게 채 썬다.
3. 지퍼백에 양배추, 당근, 소금을 넣어 주무른 뒤 공기를 빼고 지퍼백을 닫는다.
4. 냉장고에 넣어 2~3시간 절인다. 물기가 생겼으면 살짝 짠 뒤 그릇에 담는다.
    TIP. 냉장고에 보관하면 2일 정도 먹을 수 있다.

배
梨
나시

오뎅이 조금 텁텁하게 느껴질 수 있으므로 후식으로 아삭한 과일을 내면 좋습니다. 시원하게 보관해둔 것을 사용하면 좋아요.

재료
배 1개

만드는 법
1. 배는 껍질을 깎은 뒤 세로로 반 자른다.
2. 웨지 모양으로 3등분한 다음 씨 부분을 잘라낸다.
    TIP. 1인분씩 접시에 담은 뒤 작은 나무 꼬치나 포크를 함께 올린다.

④ 닭완자전골 정식

鶏団子鍋定食
도리당고 나베 데이쇼쿠

닭완자전골 鶏団子鍋 도리당고 나베
아보카도명란마요덮밥
アボカド明太マヨ丼 아보카도 멘타이마요 동
무소스쇠고기구이
牛肉のみぞれ焼き 규니쿠노 미조레야키
참치마무침 まぐろと長芋のわさび醤油あえ
마구로토 나가이모 와사비조유 아에
오이겨자절임 きゅうりの辛子漬け 규리노 가라시즈케
금귤조림 金柑の甘露煮 긴캉노 간로니

일본에서는 겨울에 전골 요리를 자주
먹습니다.
식탁 위에서 끓이면서 원하는 재료를
넣어가며 먹는 분위기가 특별함을
더해주지요.
재료만 준비하면 먹는 사람들이 알아서
재료를 넣고 끓이거나 각자 자기의 접시에
양념을 하기도 하기 때문에 손님 초대 메뉴로
부담이 없어요.
아보카도명란마요덮밥과 무소스쇠고기구이를
더하고, 무거운 입맛을 가볍게 해줄 회와
채소절임을 곁들이면 푸짐한 한 상이
마련됩니다.

교토 가정식

재료
배추 300g
닭고기(다리살) 200g
표고버섯·팽이버섯 100g씩
당면 80g
가쓰오부시국물 3컵
국간장 2큰술
청주 1큰술

닭고기 밑간
청주·물 1큰술씩
전분 ½큰술
생강 다진 것 ½작은술
소금 ¼작은술
후춧가루 약간

1. 닭고기는 다진 뒤 분량의 밑간 재료를 넣고 섞은 다음 찰기가 생길 때까지 치댄다.
2. 당면은 따뜻한 물에 담가 20분 정도 불린다.
3. 배추는 4㎝ 너비로 썰고 표고버섯은 2등분한다. 팽이버섯은 밑동을 자르고 3~4가닥으로 분리한다.

4. 냄비에 가쓰오부시국물, 국간장, 청주를 넣고 불을 켠다.
5. 국물이 끓으면 1을 숟가락으로 둥글게 떠서 완자 모양으로 만든 뒤 국물에 넣는다.
6. 완자가 익으면 당면, 표고버섯, 팽이버섯을 넣어 익힌다.
7. 마지막에 배추를 넣고 2~3분 더 끓인다. 먹을 때는 가스버너로 데우면서, 재료를 추가해가며 먹는다.

특별한 날.   219

닭완자전골

鶏団子鍋
도리당고 나베

일본에는 수많은 나베鍋(전골) 요리가 있어요. 육류, 어패류, 채소가 모두 나베의 재료가 된다고 해도 과언이 아닐 정도로 그 종류가 다양합니다. 그중 닭고기로 만든 완자는 가장 인기 있는 재료 중 하나랍니다. 가쓰오부시국물에 국간장으로 간을 한 국물로 맛을 냈지만, 닭고기국물에 소금과 참기름을 넣어서 만들어도 좋습니다. 입맛에 따라 유자폰즈소스나 간장 소스를 찍어 먹거나 시치미를 뿌려 먹어도 맛있습니다. 국물은 왼쪽의 레시피에 소개된 비율을 기준으로 냄비 크기에 따라 양을 조절하세요.

아보카도명란마요덮밥
アボカド明太マヨ丼
아보카도 멘타이마요 동

간단하게 만들 수 있지만 누구나 좋아하는 메뉴입니다. 명란마요소스는 명란젓과 마요네즈를 섞은 소스로 활용도가 높아요. 빵에 바른 뒤 굽거나, 삶은 감자와 버무려 샐러드를 만들기도 하고, 채소를 찍어 먹는 딥으로도 사용할 수 있습니다. 아보카도에 명란마요소스를 얹어 오븐에 구워도 맛있어요.

재료
밥 2공기, 아보카도 1개, 레몬즙 1큰술, 무순 적당량, 참깨 약간
명란마요소스 명란젓 60g, 마요네즈 3큰술

만드는 법
1. 명란젓은 껍질을 제거하고 알만 발라낸 뒤 마요네즈와 섞어 소스를 만든다.
2. 아보카도는 사방 1cm 크기로 썰어 레몬즙을 뿌린다.
   TIP. 아보카도에 레몬즙을 뿌리면 색이 변하는 걸 막을 수 있다.
3. 무순은 2cm 길이로 썬다.
4. 밥 위에 아보카도와 명란마요소스를 얹고 무순, 참깨를 뿌린다.

무소스쇠고기구이
牛肉のみぞれ焼き
규니쿠노 미조레야키

'미조레みぞれ'는 진눈깨비라는 뜻으로 무를 갈아둔 것이 진눈깨비처럼 보인다 하여 붙은 이름입니다. 그래서 무 간 것이 들어간 요리는 미조레라는 이름이 붙을 때가 많습니다. 구이에 무를 얹으면 미조레야키, 전골에 무를 넣으면 미조레나베みぞれ鍋가 되지요. 무거울 수 있는 쇠고기 요리도 무 간 것을 넣으면 깔끔하게 먹을 수 있어요. 무는 양념할 때와 완성한 후, 두 번에 나눠 넣습니다.

재료
무 400g, 쇠고기(불고기용) 200g, 가쓰오부시국물 1컵
양조간장·청주·미림 2큰술씩, 쪽파 다진 것 1큰술, 설탕 1작은술, 소금 ¼작은술, 전분·식용유 약간씩

만드는 법
1. 무는 갈아서 체에 밭쳐 가볍게 물기를 제거한다.
2. 쇠고기는 키친타월로 핏물을 눌러 닦고 한 장 한 장 전분을 얇게 묻힌다.
3. 팬을 달군 뒤 기름을 두르고 2의 쇠고기를 굽는다.
4. 쇠고기가 반쯤 익으면 가쓰오부시국물과 양념, 무의 반 분량을 넣고 끓인다.
5. 쇠고기가 익고 양념이 어우러지면 불을 끈다.
6. 5를 그릇에 담고 남은 무와 쪽파를 얹는다.

특별한 날. 221

교토 가정식

특별한 날.

참치마무침

まぐろと長芋のわさび醤油あえ

마구로토 나가이모노 와사비조유 아에

참치회와 마는 맛과 식감이 잘 어울리는 조합이라 일본에서는 이 두 재료를 함께 요리하는 경우가 많아요. 마를 간 뒤 참치회를 곁들여 덮밥으로 먹기도 하고 마와 참치회를 같이 간장에 가볍게 절여 먹기도 합니다. 소스에 와사비를 넣어 알싸한 맛을 더하는 것이 포인트예요.

재료
마 150g, 참치회 100g, 김 구운 것 약간
와사비소스 양조간장·미림 1큰술씩, 와사비 ¼작은술

만드는 법
1. 마와 참치회는 사방 2cm 크기로 깍둑썰기 한다.
2. 분량의 와사비소스 재료를 섞는다.
3. 그릇에 마와 참치회를 담고 와사비소스를 뿌린 뒤 김을 올린다.

오이겨자절임

きゅうりの辛子漬け

규리노 가라시즈케

오이를 겨잣가루, 소금, 설탕, 식초로 절인 쓰케모노입니다. 겨자의 매콤함이 무거워진 입맛을 개운하게 해주지요. 3일 정도 절여 오이가 쪼글쪼글해졌을 때 먹는 것이 가장 맛있습니다. 냉장고에 보관하며 일주일 내에 먹는 것이 좋습니다.

재료
오이 200g, 식초 1큰술, 겨잣가루·소금·설탕 1작은술씩

만드는 법
1. 오이는 씻어 물기를 제거한 뒤 통째로 지퍼백에 넣는다.
2. 지퍼백에 겨잣가루, 소금, 설탕을 넣고 오이에 양념이 배도록 주무른 뒤 지퍼백의 공기를 빼고 닫아 냉장고에 넣는다.
3. 가끔씩 주물러가며 3일 정도 절인다.
4. 먹기 전에 물로 가볍게 양념을 씻은 뒤 먹기 좋게 슬라이스한다.

금귤조림

金柑の甘露煮
긴캉노 간로니

설 음식으로 자주 먹는 메뉴로, 쉽게 만들 수 있는 디저트입니다. 일본에서는 금귤이 나오는 계절이 되면 금귤조림을 만들어요. 그대로 먹어도 되지만 뜨거운 물에 넣어 차로 마시거나 술에 넣기도 하고 얼려서 먹기도 합니다. 금귤은 특유의 쓴맛이 있는데, 금귤을 데친 뒤 찬물에 담가놓으면 쓴맛이 제거됩니다.

재료
금귤 250g, 설탕 125g, 식초 2큰술

만드는 법

1. 금귤은 씻어 물기를 닦고 꼭지를 제거한 뒤 세로로 4~5군데 칼집을 낸다.

    TIP. 칼집을 내면 속까지 맛이 잘 배고 조리면서 껍질이 터지는 것을 막을 수 있다. 칼집을 내는 대신 이쑤시개로 군데군데 구멍을 뚫어도 좋다.

2. 끓는 물에 금귤을 넣어 3분간 데친 뒤 다시 찬물에 10분가량 담갔다 건져 물기를 제거한다.

    TIP. 데친 금귤은 부드러우므로 터지지 않도록 주의하고, 금귤의 쓴맛을 완벽히 없애고 싶을 경우는 찬물에 담그는 시간을 1시간 정도로 늘린다.

3. 냄비에 금귤, 설탕, 식초를 넣고 약불로 끓여 설탕이 녹으면 10분 정도 조린 뒤 불을 끈다.

    TIP. 2주간 냉장 보관 가능하다. 설탕은 금귤 무게의 50% 정도 넣는 것이 기본이며 설탕의 양을 늘리면 더 오래 보관할 수 있다.

지라시즈시 정식

ちらし寿司定食
지라시즈시 데이쇼쿠

지라시즈시 ちらし寿司 지라시즈시

바지락된장국 あさりの赤だし 아사리노 아카다시

두부튀김 揚げ出し豆腐 아게다시 도후

유채겨자무침
菜の花の辛子あえ 나노하나노 가라시 아에

곶감크림치즈말이
干し柿のクリームチーズ巻き 호시가키노 크리무치즈 마키

지라시즈시는 단촛물로 맛을 낸 초밥 위에
여러 가지 재료를 흩뿌리듯 얹은 음식입니다.
다양한 종류의 생선회와 연어 알을 올린
지라시즈시에는 바지락과 적미소된장으로
시원하게 끓인 된장국이 어울려요.
봄에 자주 먹는 음식이므로 제철인
유채나물을 곁들이면
더욱 맛있어요.

교토 가정식

재료
쌀밥 2공기
참치·연어·광어 70g씩
연어 알 50g
표고버섯 말린 것 8g
달걀 2개
오이 ½개
설탕 1큰술
청주 ½큰술
김 구운 것·양조간장 적당량씩
소금 약간

단촛물
식초 2½큰술
설탕 1큰술
소금 ½작은술

표고버섯조림 양념
표고버섯 불린 물 2큰술
양조간장·미림·설탕·청주
1큰술씩

1. 달걀은 풀어 설탕, 청주, 소금을 넣고 섞은 뒤 도톰한 달걀말이를 만든다.
2. 표고버섯은 미지근한 물에 20분 정도 불린 뒤 잘게 다진다. 냄비에 다진 표고버섯과 조림 양념을 넣고 뒤섞어가며 국물이 없어질 때까지 조린다.

3. 참치, 연어, 광어, 오이는 0.8㎝ 크기로 네모나게 썬다. 달걀말이도 같은 크기로 썬다.
4. 분량의 단촛물 재료를 섞은 뒤 쌀밥에 뿌려가며 주걱으로 잘 섞는다.
    TIP. 밥은 물을 적게 넣어 되게 지은 밥을 사용한다.

5. 밥이 잘 섞이면 표고버섯조림을 넣어 섞는다.
6. 5를 그릇에 담고 3의 재료를 군데군데 올린 뒤 연어 알을 얹어 장식한다.
    TIP. 김에 싸먹을 때는 ¼ 크기로 자른 김에 지라시즈시를 한 입 얹어 싼 후 간장을 살짝 찍어 먹는다.

특별한 날.

지라시즈시

ちらし寿司
지라시즈시

지라시즈시는 '히나마쓰리雛祭り'라고 부르는 3월 3일 여자아이들의 어린이날에 먹는 음식으로 유명합니다. 축하할 일이 있을 때도 만드는데 케이크처럼 예쁘고 화려해서 경사스러운 날 잘 어울립니다. 달걀지단, 연근초절임, 새우 등으로 장식하기도 하고, 생선회를 작게 잘라서 장식하기도 합니다. 회를 넣은 지라시즈시는 김에 싸먹어도 맛있어요.

교토 가정식

특별한 날. 231

바지락된장국
あさりの赤だし
아사리노 아카다시

대부분의 스시집에서 된장국을 시키면 조개나 생선으로 육수를 낸 적미소된장국이 나옵니다. 그래서인지 초밥을 먹을 때면 자동으로 적미소된장국이 떠올라요. 단맛이 없는 적미소된장을 사용해 시원하게 끓이는 것이 포인트입니다.

재료
바지락 100g, 물 1½컵, 적미소된장 1큰술, 청주 2작은술, 쪽파 다진 것 약간

만드는 법
1. 바지락은 깨끗이 씻어 소금물에 2~3시간 정도 담가 해감을 한다.
2. 냄비에 물을 붓고 바지락을 넣은 뒤 불을 켠다.
   TIP. 찬물에 넣고 끓여야 조개에서 감칠맛이 우러나온다.
3. 바지락이 익으면 청주를 넣고 적미소된장을 푼 뒤 국이 끓기 직전에 불을 끄고 쪽파를 넣는다.

두부튀김
揚げ出し豆腐
아게다시 도후

일본 식탁에 자주 오르는 음식인 동시에 이자카야의 인기 메뉴랍니다. 겉이 바삭한 두부와 촉촉한 무, 짭조름한 간장이 한데 어우러지는 맛이 일품이죠. 적은 양을 만들 때는 적은 기름으로 굽듯이 튀겨도 괜찮습니다.

재료
무 150g, 두부 ½모, 전분·식용유 적당량씩, 양조간장 약간

만드는 법
1. 두부는 2등분한 뒤 키친타월로 눌러 물기를 가볍게 제거한다.
2. 두부에 전분을 고루 묻힌다.
3. 팬을 달군 뒤 기름을 넉넉히 두르고 두부를 튀기듯이 굽는다.
4. 튀긴 두부 위에 무를 갈아 얹고 양조간장을 뿌린다.

유채겨자무침

菜の花の辛子あえ
나노하나노 가라시 아에

일본에서는 봄이 되면 유채꽃으로 다양한 요리를 하는데 노랗게 되기 전의 꽃 부분을 먹습니다. 데쳐서 가쓰오부시국물에 담가 먹거나 볶기도 하고 파스타를 만들기도 합니다. 겨자를 넣은 간장 양념에 무치는 것도 대표적인 음식 중 하나이지요. 유채 특유의 쌉쌀함과 고소함이 입맛을 돋워줍니다.

재료
유채 80g, 가쓰오부시국물 1큰술, 국간장·미림 1작은술씩
연겨자 ¼작은술, 참깨 약간

만드는 법
1. 유채는 끓는 물에 넣어 1분 정도 살짝 데친 뒤 찬물에 헹궈 물기를 뺀다.
2. 데친 유채를 4~5㎝ 길이로 썬다.
3. 가쓰오부시국물, 국간장, 미림, 연겨자를 잘 섞는다.
4. 3에 유채를 넣어 버무리고 참깨를 뿌린다.

곶감크림치즈말이

干し柿のクリームチーズ巻き
호시가키노 크리무치즈 마키

여자들이 특히 좋아하는 디저트 메뉴입니다. 달콤한 곶감과 새콤한 크림치즈, 고소한 아몬드의 맛이 어우러져 풍성한 맛을 냅니다. 와인이나 맥주 안주로도 좋습니다.

재료
곶감 2개, 크림치즈 30g, 아몬드 슬라이스 5g

만드는 법
1. 곶감은 꼭지를 떼고 세로로 길게 갈라 편다.
2. 랩 위에 곶감을 올리고 크림치즈를 펴 바른 뒤 아몬드를 손으로 부숴서 뿌린다.
3. 김밥 말듯 돌돌 만 뒤 랩을 오므려서 고정한다.
4. 냉동실에 15분 정도 넣어두었다가 꺼내 둥글게 슬라이스한다.

TIP. 접시에 담을 때 크림치즈가 보이도록 눕혀서 담으면 예쁘다.

⑥

닭고기튀김 정식

からあげ定食
가라아게 데이쇼쿠

⌐ **닭고기튀김** からあげ 가라아게
  쌀밥 白ごはん 시로고항
  파래된장국 アオサの味噌汁 아오사노 미소시루
  뿌리채소조림 根菜の煮物 곤사이노 니모노
  양배추톳샐러드
  キャベツとひじきのサラダ 갸베쓰토 히지키노 사라다
  무껍질절임 大根の皮の漬物 다이콩노 가와노 쓰케모노
  후르츠펀치 フルーツポンチ 후루쓰 폰치

닭고기튀김을 메인으로 준비한 정식입니다.
바삭하게 튀긴 닭에 레몬즙을 살짝 뿌리면
더욱 맛있게 먹을 수 있어요.
여기에 뿌리채소조림과 샐러드를 더해
푸짐하게 준비하면
손님 초대 메뉴로도 제격이지요.
맥주와도 궁합이 잘 맞는 한상차림입니다.

재료
닭고기(다리살) 350g
레몬 ½개
밀가루·전분 2큰술씩
식용유 적당량

양념
물 2큰술
청주 1큰술
양조간장 2작은술
마늘 다진 것·생강 다진 것
1작은술씩
소금 ½작은술

1. 닭고기는 한 입 크기로 썰어 분량의 밑간 양념 재료를 넣고 주무른 다음 10분간 둔다.
2. 1에 밀가루를 뿌려 껍질이 안 떨어지게 주의하면서 닭고기의 표면에 고루 묻힌다.

3. 2에 전분을 한번 더 뿌려 고루 묻힌다.
4. 냄비에 기름을 넉넉히 부어 160℃로 데운 뒤 닭고기를 넣고 3~4분 정도 튀긴다.

5. 4의 닭고기를 건져서 기름이 빠지게 체에 밭치고 잔열로 속이 익도록 5분 정도 둔다.
6. 기름을 190~200℃로 올리고 5의 닭고기를 1~2분 더 튀겨서 건져낸다. 레몬을 슬라이스한 뒤 닭고기에 뿌려 먹는다.

특별한 날.

닭고기튀김
からあげ
가라아게

가라아게는 닭 다리살만으로 만든 것이 특징입니다. 늘 인기가 많은 메뉴라 집에서뿐만 아니라 식당, 술집, 편의점에서도 맛볼 수 있지요. 가라아게를 만들 때는 밀가루로 한번 튀김옷을 입히고 나서 전분으로 또 한번 튀김옷을 입히면 더 바삭한 식감을 낼 수 있습니다. 낮은 온도에서 한번 튀긴 뒤 꺼내 잔열로 속을 익힌 다음 고온에 한번 더 튀겨내는 것이 좋습니다.

쌀밥
`白ごはん`
시로고항

p. 39의 재료와 만드는 법을 참고하세요.

파래된장국
`アオサの味噌汁`
아오사노 미소시루

일본에서는 파래를 무치거나 조리기도 하고 튀김 반죽에 섞기도 하지만 그래도 가장 자주 만드는 건 된장국인 것 같아요. 우리에게는 낯설지만 파래를 된장국에 넣으면 향이 매우 좋습니다.

재료
파래 20g, 가쓰오부시국물 1½컵, 미소된장 1⅓큰술, 청주 2작은술

만드는 법
1. 파래는 물에 담가 흔들어 불순물을 제거한 뒤 체에 밭쳐 흐르는 물에 깨끗이 씻는다. 물기를 꼭 짜고 가위로 한두 번 자른다.
2. 냄비에 가쓰오부시국물을 부어 끓이다가 국물이 끓으면 파래, 청주를 넣는다.
3. 한소끔 끓인 뒤 미소된장을 풀고 국이 끓기 직전에 불을 끈다.

특별한 날.

뿌리채소조림
根菜の煮物
곤사이노 니모노

오반자이의 대표적인 채소 요리로 뿌리채소조림을 빼놓을 수 없습니다. 연근, 우엉, 당근 등의 뿌리채소를 조린 음식인데 이런 조림은 하루 정도 두어 맛이 밴 뒤 먹는 것이 더 맛있어요. 이 요리에 닭고기만 더하면 설날 음식으로 먹는 지쿠젠니筑前煮가 됩니다.

재료
연근·우엉·당근 80g씩, 줄기콩 40g, 표고버섯 3개
가쓰오부시국물 1컵, 국간장 1큰술, 설탕 1작은술, 식용유 적당량

만드는 법
1. 연근, 우엉은 껍질을 벗기고 한 입 크기의 삼각형 모양으로 썬다. 표고버섯, 당근도 같은 크기로 썬다.
2. 팬을 달군 뒤 기름을 두르고 1의 재료를 볶는다.
3. 재료의 표면이 익을 정도로만 볶아지면 가쓰오부시국물, 국간장, 설탕을 넣고 국물이 거의 없어질 때까지 조린다.
4. 줄기콩을 데친 뒤 3㎝ 길이로 썰어 조림 위에 얹는다.

TIP. 줄기콩은 함께 조리지 않고 따로 데쳐서 넣으면 색이 예쁘고 조림 요리의 무거운 맛을 가볍게 해준다.

양배추톳샐러드
キャベツとひじきのサラダ
갸베쓰토 히지키노 사라다

양배추, 톳, 양파, 참치를 넣은 샐러드입니다. 밋밋한 맛을 가진 재료들의 조합에는 새콤 짭조름한 소스가 잘 어울립니다. 양배추를 살짝 쪄서 만들어 독특한 식감을 주는 든든한 메뉴입니다.

재료
참치(캔) 50g, 톳(건조) 5g, 양배추 ¼통, 양파 ¼개
간장소스 레몬즙·올리브유·참깨 간 것 1큰술씩, 양조간장 2작은술, 설탕 ½작은술

만드는 법
1. 양배추는 한 입 크기로 자른 뒤 씻어서 물기를 빼고 김이 오른 찜기에 넣어 5분 정도 찐 다음 식힌다.
   TIP. 아삭한 식감이 남도록 살짝만 찐다.
2. 톳은 30분 정도 미지근한 물에 불려서 끓는 물에 1분간 데친 다음 물기를 뺀다.
3. 양파는 얇게 슬라이스해서 찬물에 담가 매운맛을 뺀 뒤 물기를 제거한다.
4. 참치는 체에 밭쳐 기름을 뺀다.
5. 분량의 간장소스 재료를 섞는다.
6. 그릇에 준비한 재료를 담고 간장소스를 뿌린다.

특별한 날.

무껍질절임
大根の皮の漬物
다이콩노 가와노 쓰케모노

오반자이에서는 무 껍질을 두껍게 깎아내고 속만 사용하는 요리를 할 때는 남은 껍질을 버리지 않고 절임 요리로 만듭니다. 절약 레시피이긴 하지만 무 속살로 만든 쓰케모노보다 훨씬 식감과 맛이 뛰어나답니다.

재료
무 껍질 부분 100g, 다시마 약간
양념 양조간장 2큰술, 식초 1큰술, 설탕 1작은술

만드는 법
1. 무는 껍질 부분을 두껍게 도려내고 0.5cm의 두께로 썬다.
2. 분량의 양념 재료를 섞는다.
3. 용기에 무, 다시마를 넣고 양념을 부은 뒤 뚜껑을 닫아 냉장고에 넣는다.
4. 2~3시간 냉장 보관한다. 중간중간 꺼내 아래위로 섞어준다.

후르츠펀치
フルーツポンチ
후루쓰 폰치

후르츠펀치는 원래 과즙을 섞은 펀치라는 술에 과일을 작게 잘라 넣은 것을 가리키는 말이었지만 요즘은 작게 자른 과일에 탄산수와 시럽을 넣은 것을 말합니다. 식후에 상큼하게 먹을 수 있는 디저트로 탄산수 대신 화이트 와인을 사용해도 좋아요.

재료
귤 1개, 사과·바나나 ½개씩, 블루베리 8알, 탄산수 ½컵
레몬즙 2큰술, 설탕 1큰술

만드는 법
1. 사과는 껍질을 벗긴 뒤 한 입 크기로 작게 썰고 바나나는 둥글게 슬라이스한다.
2. 귤은 껍질을 벗기고 하얀 속껍질을 어느 정도 제거한다. 블루베리는 씻어서 물기를 턴다.
3. 탄산수에 레몬즙, 설탕을 넣어 잘 섞는다.
4. 그릇에 과일을 모두 담고 3을 붓는다.

6

여섯 번째

오반자이 쇼핑.

おばんざいのおいしい店とお買い物
오반자이노 오이시이 미세토 오카이모노

현지인들도 인정한 맛있는 오반자이 식당을 살짝 공개합니다. 교토에 방문한다면 오반자이 식당에서 직접 먹어볼 것을 추천합니다. 현지 맛집에서 담음새나 상차림법 등에 대해 아이디어를 얻을 수 있고 유행하는 식재료나 조리법 등도 배울 수 있지요.

더불어 오반자이를 만드는 데 필요한 식재료와 도구를 구할 수 있는 상점을 소개합니다. 평소에 구하기 힘들었던 조리 도구나 그릇 등을 구경하거나 구입할 수 있는 곳으로, 관광지와 인접해 있으니 꼭 들러보세요.

교토 가정식

(1)

우사기노 잇포
卯sagiの一歩

헤이안진구平安神宮 근처 조용한 주택가에 위치한 이곳은 정식 세트와 차를 즐길 수 있는 오반자이 카페입니다. 오래된 민가를 카페로 만들어 차분한 분위기 속에서 정원을 바라보며 가정 요리를 맛볼 수 있습니다. 메인 요리와 오반자이 반찬 5종, 밥, 된장국, 쓰케모노, 디저트가 세트로 된 오반자이 세트 메뉴가 인기가 있습니다. 메인 요리로는 두부함바그, 가지튀김, 매실닭안심튀김, 간 무 돈가스, 달걀을 푼 돈가스 중 한 가지를 고를 수 있고, 오반자이 반찬 5종으로는 달걀말이, 콩비지무침, 채소조림과 같은 가정 요리가 나옵니다. 음식들 모두 따뜻하고 소박하지만 내공이 느껴집니다. 디저트로 나오는 두유푸딩도 달지 않으면서 부드러워 정말 맛있습니다. 가벼운 식감의 콩비지로 만든 쿠키도 추천해요.

오반자이 세트

메뉴	오반자이 세트 おばんざいセット 1400엔 오반자이 4종 모둠 おばんざい四種盛り 1720엔
주소	京都市左京区岡崎円勝寺町91-23
전화번호	075-201-6497
영업시간	오전 11시~오후 5시
정기휴일	수요일(수요일이 공휴일이면 영업)
홈페이지	www.geocities.jp/usaginoippo

② 기온 고모리
ぎをん小森

기온 시라카와祇園白川에 있는 일본 전통 디저트 가게입니다. 이곳에서는 말차抹茶를 비롯한 차 종류와 젠자이ぜんざい(팥죽), 와라비모치わらび餅(고사리전분 떡), 파르페パフェ, 앙미쓰あんみつ(팥과 시럽을 곁들인 디저트) 등 다양한 일본 전통 디저트를 먹을 수 있는데, 특히 인기 있는 메뉴는 와라비모치가 들어간 파르페 わらびもちパフェ와 쌉쌀한 맛의 말차와라비모치抹茶わらびもち, 가게 이름을 딴 고모리앙미쓰小森あんみつ입니다. 일본 전통 디저트답게 모두 단 맛인데 관광으로 지쳤을 때 먹기 딱 좋을 만한 달콤함입니다. 동행이 있다면 서로 다른 메뉴를 시켜서 나눠 먹으면 좋아요.

이곳은 관광 시즌이나 휴일에는 줄을 서서 먹어야 할 정도로 인기 많은 곳입니다. 가게 옆으로는 시라카와白川라는 작은 강이 흐르고 있는데 가게 안에서도 강이 흐르는 풍경을 감상할 수 있습니다. 야사카진자八坂神社나 기온祇園을 관광한 후 들러 휴식을 갖기 좋은 곳이에요. 입구에서는 선물용 디저트도 판매한답니다.

오반자이 쇼핑.

와라비모치

고모리앙미쓰

와라비모치파르페

메뉴	와라비모치파르페わらびもちパフェ 1550엔 말차와라비모치抹茶わらびもち 1200엔 고모리앙미쓰小森あんみつ 1200엔
주소	京都市東山区新橋通大和大路東入元吉町61
전화번호	075-561-0504
영업시간	오전 11시~오후 8시(라스트 오더 7시 30분)
정기휴일	수요일(수요일이 공휴일이면 영업)
홈페이지	www.giwon-komori.com

교토 가정식

③

탄
丹

교토를 대표하는 고급 요리점 와쿠덴和久傳이 2016년 오픈한 가게로, 고급 요리점의 맛을 캐주얼하게 즐길 수 있다 하여 화제가 된 곳입니다. 교토 북부에 위치한 교탄고京丹後 시의 채소와 쌀을 사용한 건강한 정식을 파는 곳으로, 아침 정식은 데친 나물이나 두부무침, 쓰케모노, 낫토와 같은 채소 반찬들을 커다란 테이블 가운데 놓아 테이블에 둘러앉은 손님들이 자유롭게 덜어 먹을 수 있도록 제공합니다. 점심 메뉴는 계절 정식, 회 정식, 고기 정식 세 가지가 있습니다. 회도 고기도 모두 맛있지만, 양파와 빨간 무를 살짝 쪄서 올리브유와 소금에 찍어 먹었던 메뉴가 인상적일 정도로 채소 하나하나 다 신선하고 맛이 좋습니다. 주방은 오픈 키친이라 와쿠덴 출신의 젊은 셰프가 요리하는 모습을 바로 앞에서 볼 수 있어 매력적입니다. 모던하면서도 편안한 인테리어도 멋스러워요.

오반자이 쇼핑.

계절 정식

고기 정식

메뉴	아침 식사朝食 2500엔(세금 별도)
	점심_계절 정식季節の定食 3000엔(세금 별도)
	회 정식お造りの定食 3800엔(세금 별도)
	고기 정식お肉の定食 4600엔(세금 별도)
주소	京都市東山区五軒町106-13 三条通り白川橋下ル東側
전화번호	075-533-7744
영업시간	오전 8시~10시(라스트 오더 9시 30분), 정오~오후 2시 30분(라스트 오더 2시), 저녁은 대관 영업
정기휴일	월요일(월요일이 공휴일일 경우는 화요일 휴무)
홈페이지	tan.kyoto.jp

④

오쿠탄 난젠지점
奧丹 南禅寺店

이곳은 일본에서 가장 오래된 유도후집이에요. 메뉴는 한 가지로 유도후와 깨두부, 마 간 것, 두부된장구이, 튀김, 밥, 쓰케모노가 세트로 구성되어 있습니다. 교토 전통 유도후를 맛보고 싶다면 가보길 권합니다. 따끈하게 데운 두부를 특제 간장에 찍어 먹으면 온몸이 따뜻해지고 건강해지는 기분이 듭니다. 두부의 양도 많아서 밥을 먼저 먹으면 두부가 남을 수 있으니, 두부를 충분히 즐긴 뒤 밥을 먹는 게 좋아요. 동물성 식품은 사용하지 않아 채식을 하는 사람들도 맛있게 먹을 수 있습니다. 난젠지南禅寺 근처에 있어 주변을 산책하기도 좋습니다.

오반자이 쇼핑.

유도후 세트

메뉴	유도후 세트ゆどうふ一通り 3000엔(세금 별도)
주소	京都市左京区南禅寺福地町86-30
전화번호	075-771-8709
영업시간	오전 11시~오후 4시(주말·공휴일 오후 4시 30분)
정기휴일	목요일(목요일이 공휴일이면 영업)

교토 가정식

⑤
마쓰토미야 고토부키
松富や壽

오반자이를 뷔페로 즐길 수 있는 자연식 레스토랑입니다. 이곳의 음식은 채소를 사용해 재료 본연의 맛을 살려 조리한 것이 특징인데 음식에 많은 간을 하지 않아도 충분히 맛있다는 것을 느끼게 해줍니다. 일본의 외식 메뉴는 의외로 짜고 달고 간이 강한 음식들이 많은데 그런 음식들에 지쳤을 때 이곳을 찾습니다. 여행 중에는 안심하고 채소를 듬뿍 먹을 수 있는 곳이지요. 무순을 데쳐서 만든 오히타시(육수에 절인 음식)와 멸치조림이 특히 맛있어요.

자연식 런치 바이킹

메뉴	자연식 런치 바이킹 自然食ランチバイキング 평일 1080엔, 주말·공휴일 1490엔
주소	京都市中京区竹屋町通西洞院西入東竹屋町422
전화번호	075-221-6699
영업시간	오전 11시 30분~오후 2시 30분(주말·공휴일 오후 3시 30분), 이용 시간 60분
정기휴일	화요일
홈페이지	www.obanzai-ichie.com

⑥ 데마치 로로로
出町ろろろ

지역 주민과 관광객 모두에게 사랑받는 음식점입니다. 특히 하루에 20개 한정으로 판매하는 로로로 도시락이 인기인데 나무로 만든 2단 도시락에 음식이 담겨 있어요. 첫 번째 단에는 8종류의 반찬이 작은 그릇에 담겨 있습니다. 여러 가지 채소를 다양한 조리법으로 요리한 반찬들로 어느 것 하나 평범하지 않고 다 맛있습니다. 두 번째 단에는 솥밥과 메인 반찬 두 가지, 된장국이 있는데 이 역시 훌륭합니다. 평범하지 않은 재료들의 조합과 다채로운 조리법을 보면 정성 들여 만든 요리라는 느낌을 받습니다. 메뉴를 보면서 맛을 상상하는 재미도 있습니다. 가격도 비싸지 않아 평일 낮에도 예약으로 꽉 차는 날이 많다고 합니다. 예약을 하지 않고 갈 때는 점심시간을 피하는 것이 좋아요.

오반자이 쇼핑.

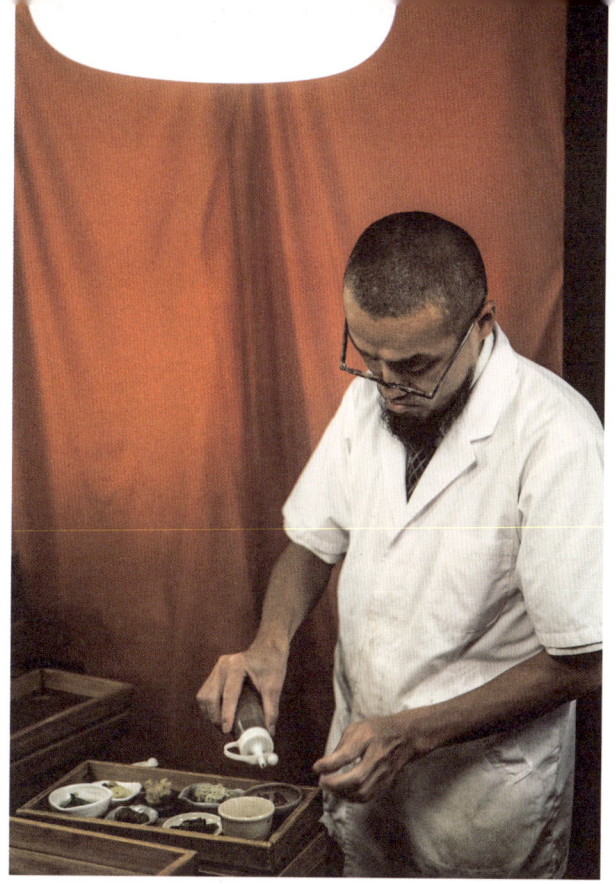

로로로 도시락

메뉴	점심-로로로 도시락ろろろ箱弁当 1190엔 미니 가이세키ミニ会席 2160엔(전날 예약 필요)
주소	京都市上京区今出川通寺町東入一真町67-1
전화번호	075-213-2772
영업시간	화·수·목요일 오전 11시 30분~오후 4시, 금·토·일요일 오전 11시 30분~오후 1시 30분, 오후 6시~8시 30분
정기휴일	매주 월요일, 둘째·넷째 주 일요일

교토 가정식

⑦ 키친 구지라
キッチン くじら

오반자이 정식과 도시락을 파는 키친 구지라에서는 엄마가 만들어주는 집밥을 테마로 한 채소 중심의 반찬들을 맛볼 수 있습니다. 메뉴는 매일 바뀌며 아침식사도 가능해요. 아침정식세트는 밥과 국, 반찬 7가지, 커피로 이루어져 있어요. 또 도시락 외에 반찬만 따로 포장이 가능해서 원하는 종류의 반찬을 원하는 양만큼 사갈 수도 있습니다. 세련되게 멋을 낸 식당은 아니지만 반찬 색감이나 플레이팅이 예쁩니다. 물론 맛도 있고요. 이곳에서 토란샐러드를 먹고 맛있어서 레시피를 물어 몇 번 따라 만든 적이 있습니다. 집 근처에 있다면 편하게 아침을 먹으러 가고 싶은 곳이에요. 여러모로 편리하게 이용할 수 있는 친근한 동네 식당입니다.

오반자이 쇼핑.

아침정식세트

메뉴	아침정식세트 朝ごはん 600엔 오늘의 정식 本日のくじら定食 850엔 도시락 お弁当 600엔 반찬 포장 120엔부터
주소	京都市左京区聖護院山王町43-20
전화번호	075-746-5313
영업시간	오전 8시~오후 7시(점내 식사는 오후 2시, 정식세트는 준비된 양이 소진될 때까지)
정기휴일	일요일

⑧

**가와바타타키
사부로 상점**
川端滝三郎商店

일본에서 수작업으로 만들어진 키친용품들을 사고 싶다면 꼭 들러야 할 곳입니다. 그릇, 커틀러리 같은 테이블용품부터 조리 도구, 주방용품, 패브릭까지 주방과 관련한 물건들을 다양하게 갖추고 있어 요리에 필요한 도구들은 대부분 이곳에서 구매할 수 있습니다. 품질도 좋지만 디자인이 예쁜 물건이 많아서 저절로 지갑을 열게 되지요. 그릇, 나무 도시락, 전골냄비, 달걀말이 팬, 무수분 냄비, 나무 도마, 강판, 찜기 등 요리에 관심 있는 사람이라면 좋아할 만한 아이템들이 많습니다. 합리적인 가격도 칭찬할 만합니다. 니시키 시장 바로 옆에 위치해 있어요.

오반자이 쇼핑.

주소 京都市中京区麩屋町錦小路下る桝屋町505
전화번호 075-708-3173
영업시간 오전 10시~오후 6시
정기휴일 둘째·넷째 주 수요일
홈페이지 www.kawataki-kyoto.jp

⑨

안티크 세이카도
アンティック青華堂

기요미즈사清水寺 근처에 위치한 앤티크 그릇 가게로, 에도 시대부터 메이지 시대까지의 그릇들이 가게 안에 빽빽하게 채워져 있습니다. 일상생활에서 편하게 사용할 수 있는 그릇은 물론 고가의 관상용 그릇까지 다양한 종류를 판매합니다. 앤티크 그릇이라고 해도 1000엔 이하의 저렴한 제품도 판매하고 그릇마다 가격이 붙어 있어서 부담 없이 구경할 수 있지요. 앞접시로 쓸 작은 그릇은 3000~4000엔대에 맘에 드는 것을 살 수 있어요. 오너가 직접 어느 시대 그릇인지, 어떤 요리를 담아야'하는지 상세하게 설명해주기도 합니다. 원하는 모양이나 가격대, 취향을 전하면 적당한 것을 추천받을 수 있어요.

오반자이 쇼핑.

주소	京都市東山区東大路五条上ル遊行前町558
전화번호	075-531-9780
영업시간	오전 10시~오후 6시
정기휴일	연중무휴

교토 가정식

래더
LADER

래더는 주로 주방용품을 판매하는 생활용품 가게입니다. 이곳의 주방용품들은 모두 오너 하시모토가 직접 사용해보고 여러 번의 검증을 거쳐 고른 것이에요. 법랑용기, 키친클립, 수세미, 커틀러리, 볼 등 기능적이고 실용적이며 심플한 디자인의 상품들을 만날 수 있습니다. 가게 안에 마련된 주방에서 직접 제품들을 사용해보고 살 수 있어 더욱 매력적이에요. 영어나 한국어 안내는 따로 없지만 오너가 친절하게 알려준답니다. 제품에 대한 상세한 설명과 검증 과정을 담은 가게의 홈페이지도 추천합니다. 일본 요리 영화의 한 장면을 보는 듯한 사진들을 보고 있으면 눈이 즐거워집니다.

오반자이 쇼핑. 265

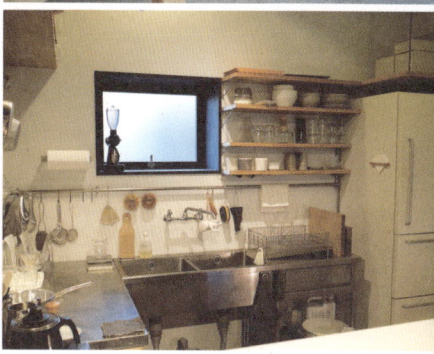

주소	京都市中京区西ノ京職司町67-38
전화번호	075-406-5230
영업시간	오전 11시 ~ 오후 7시
정기휴일	수요일
홈페이지	www.lader.jp

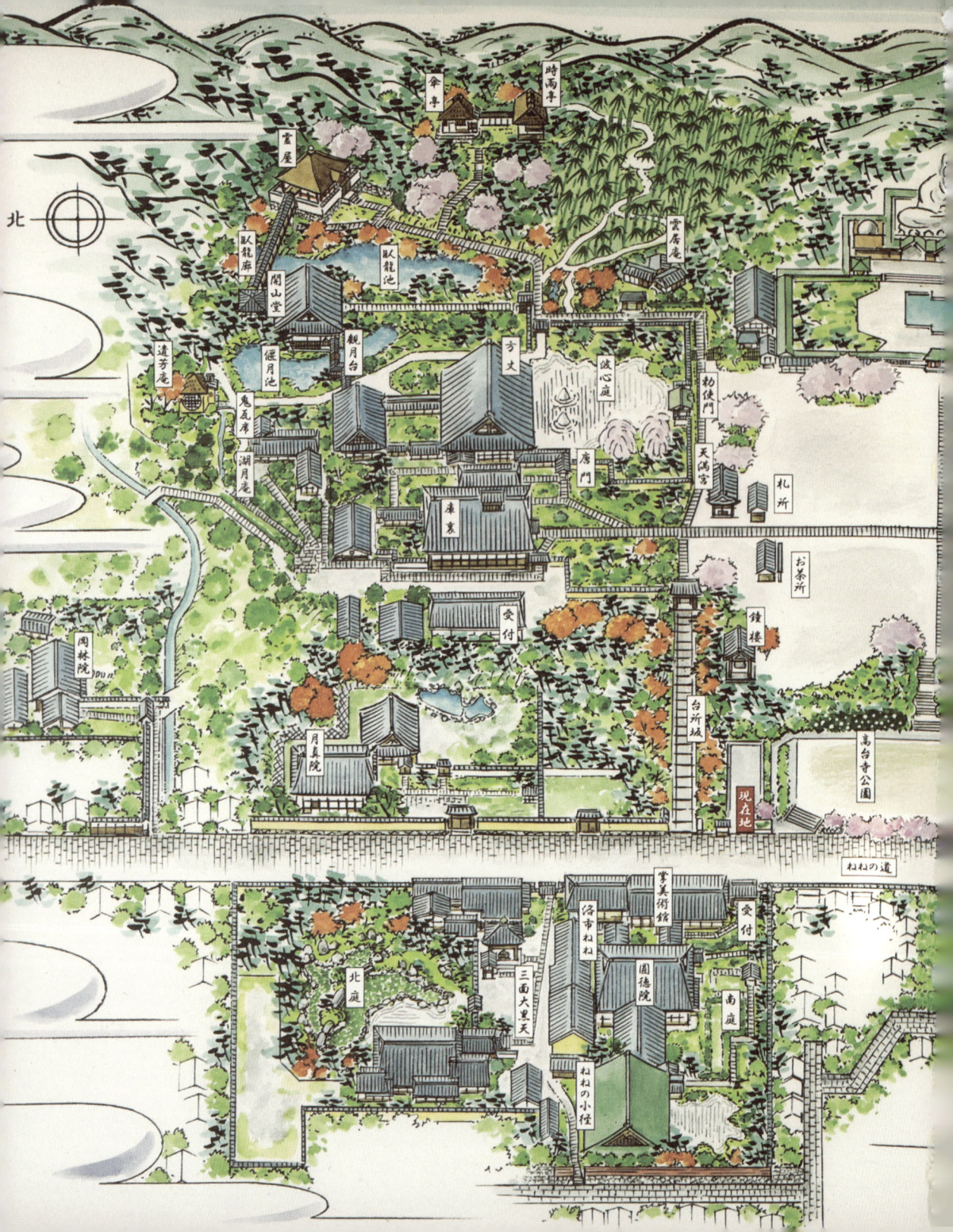